KB263975

소크라테스 부의 본질

크세노폰(Xenophon)
(기원전 430-354년경, 작자 미상)

현대지성 클래식 73

소크라테스 부의 본질

OIKONOMIKOS

크세노폰 | 박문재 옮김

현대
지성

❉ 소크라테스, 부(富)의 본질을 묻다 ❉

: 이상적 철학자에서 현실적 경영인으로

1. 두 얼굴의 소크라테스: 독배를 든 성인 vs 창을 든 전사

우리에게 익숙한 소크라테스는 독배 앞에서 불멸의 이상을 가리켰던 현자다(좌). 그러나 그 이면에는 세 번의 전쟁에서 살아남은 중장보병, 냉철한 현실주의자가 있었다(우). 플라톤이 이상화한 철학자가 아닌, 크세노폰이 목격한 현실의 소크라테스를 소개한다. 『소크라테스 부의 본질』은 철학적 이상이 아닌, 철저한 현실에 발을 딛고 있던 소크라테스의 진짜 얼굴을 담았다.

〈소크라테스의 죽음〉(자크루이 다비드, 1787년)

기원전 399년, 불경죄로 사형을 선고받은 소크라테스는 목숨보다 신념을 택했다. 독배를 들이키면서도 하늘을 가리키는 저 손짓은 2천 년간 서양 철학의 이상(Idea)을 상징해 왔다. 하지만 이것은 제자 플라톤이 스승을 신격화하며 그려낸 '철학적 초상'에 가깝다. 소크라테스의 손끝은 하늘을 향했지만, 그의 발은 언제나 현실의 진흙탕 속에 있었다. 우리가 벗겨내야 할 플라톤이란 필터가 바로 이 장면에 있다.

크세노폰이 목격한 소크라테스는 다르다. 그는 세 번이나 전쟁터에 나갔던 중장보병이었다. 부상당한 동료를 구하기 위해 적의 심장을 겨누는 저 단호한 눈빛을 보라. 그의 발은 진흙탕 같은 현실을 단단히 디디고 있다. 이 책은 뜬구름 잡는 이야기가 아니라, 치열한 생존 현장에서 가정을 지키고 부를 일구는 '현실주의자 소크라테스'의 진짜 목소리를 담고 있다.

〈포티다이아 전투에서 알키비아데스를 구하는 소크라테스〉(표트르 바신, 1828년)

2. 부의 기원: 무력이 아니라 '쓸모'가 결정한다.

아테네의 주인을 결정하는 대결에서 승리한 것은 강력한 힘을 상징하는 전쟁의 말이 아니라, 실용적인 올리브 나무였다. 집 안에서도 마찬가지였다. 여인들은 베틀 앞에 앉아 옷감을 짜내며 가정의 질서를 지켰다. 신화는 결코 허황된 판타지가 아니다. 그 속에는 먹고사는 문제, 즉 냉철한 경제적 현실이 숨어 있다. 올리브와 베틀이라는 확실한 '생산 수단'을 쥔 존재가 결국 권력을 잡는다는 뜻이다. 무력보다 실용이 강하고, 생산성이 곧 지배력이 된다는 부의 철학. 이 책은 바로 이 지점에서 출발한다.

〈도시 이름을 정하기 위해서 다투는 아테나와 포세이돈〉(노엘 할레, 1748년)●

● 아테네의 수호신 자리를 두고 포세이돈과 아테나가 격돌했다. 포세이돈이 무력의 상징인 전마를 솟구치게 했을 때, 아테나는 실용적인 올리브 나무를 내놓았다. 시민들은 전쟁이 아닌 풍요를, 말이 아닌 올리브를 택했다. 올리브는 척박한 아테네 경제를 지탱하는 생명줄이었다.
"무엇이 우리 삶에 더 유익한가?" 이 질문이야말로 소크라테스가 말하는 경제의 핵심이다. 신화는 허구가 아닌 냉철한 경제적 현실의 은유였다.

●● 오디세우스의 아내 페넬로페가 108명의 구혼자를 물리친 힘은 어디서 나왔을까? 신화는 정절을 이야기했지만 오늘날 경제학은 '생산 수단의 장악'을 읽어낸다. 고대 그리스에서 베틀은 직물을 짜내는 '생산 설비'이자 재산 증식의 핵심 수단이었다. 생산 수단을 장악한 자가 집안의 질서를 통제한다. 이 그림은 경제 주체로서 자기 영역과 권력을 지켜낸 여성 경영인의 원형을 보여준다.

〈커다란 베틀 앞에서 직조하는 페넬로페〉(Master FG, 1545년경)●●

3. 소크라테스와 여성: 악처의 누명을 벗기다

정말로 소크라테스의 아내는 악처였고, 그의 스승은 현녀(賢女)였을까? 두 사람 모두 역사적 실존이 확실하지 않다. 오늘날 학자들은 '악처 크산티페'를 문학적 가공물로 받아들인다. '현인 디오티마' 역시 플라톤의 대화편에만 등장한다. 하지만 실존 여부를 떠나, 진실은 명료하다. 소크라테스는 성별과 출신과 지위에 얽매이지 않고 뛰어난 지성인들에게 배웠다는 사실이다.

〈소크라테스의 두 아내와 알키비아데스〉(레이어 반 블룸멘달, 1675년) ●

- 두 아내에게 괴롭힘받는 소크라테스의 모습을 보여준다. 오늘날 크산티페는 '악처'의 대명사로 통한다. 하지만 그녀에 대한 비난은 소크라테스의 인내심을 부각하기 위해 후대가 덧씌운 문학적 장치에 불과하다. 편견을 걷어내면 가난한 철학자의 살림을 꾸려나갔던 생활인 크산티페가 보인다.

- 나무 그늘 아래, 소크라테스와 제자가 앉아 있다. 디오티마로 추정되는 여성이 당당히 대화를 끌어간다. 플라톤의 『향연』에서 '만티네아의 디오티마'는 소크라테스에게 사랑과 아름다움의 본질을 가르친 현인으로 등장한다. 제2부에서 이스코마코스는 아내를 수직적인 명령의 대상이 아니라 가정 경영을 함께 논하는 '대등한 파트너'로 대우한다. 지혜와 경영 능력에는 성별이 없음을 이 책은 2,500년 전에 꿰뚫어 보고 있었다.

〈소크라테스와 그의 제자 그리고 디오티마(?)〉(프란츠 카우치히, 1810년)

4. 소통의 기술: 화려한 연설보다 강력한 '질문'

아스파시아는 아테네 최고의 수사학자이자, 페리클레스의 지적 동반자였다. 그녀의 살롱은 철학자들의 주무대였다. 한쪽은 화려한 살롱을, 다른 한쪽은 절제된 대화 공간을 그렸다. 풍경은 달라도 소크라테스는 한결같다. 그는 웅변하지 않고 질문했다. 화려한 연설보다 진지한 문답 속에 삶의 본질과 지혜가 숨어 있다고 믿었다. 이 책이 대화체로 쓰인 이유가 여기 있다.

〈소크라테스가 아스파시아의 집에서 알키비아데스를 찾다〉(장레옹 제롬, 1861년)

- 기원전 5세기, 아스파시아는 최고의 수사학자이자 지적 살롱의 주인이었다. 위대한 정치가 페리클레스가 그녀에게 연설을 배웠다는 기록이 전해진다. 사람들은 나른하게 누워 있고 분위기는 화려하다. 그러나 소크라테스만은 꼿꼿이 서 있다. 그는 쾌락이나 휴식이 아니라 치열한 토론을 위해 그곳에 있었다.

- 소크라테스는 몸을 앞으로 기울이며 질문을 던진다. 그는 일방적으로 지시하지 않는다. 질문을 통해 상대방이 스스로 답을 찾고, 잠재력을 끌어내도록 유도한다. 현대 경영학이 '코칭'이라 부르는 소통 방식의 원형을 그에게서 찾을 수 있다.

〈아스파시아를 찾아간 소크라테스와 알키비아데스〉(니콜라앙드레 몽시오, 1801)

5. 리더십의 두 기둥: 관대함과 실행력

키루스 대왕은 정복한 땅의 포로를 석방하고 성물을 돌려주었다. 크세노폰은 적진에 고립된 1만 용병대를 이끌고 무사 귀환했다. 전자가 베푸는 '관대함'의 리더십이라면, 후자는 위기를 돌파하는 '실행력'의 리더십이다. 크세노폰은 '관대함'과 '실행력'이라는 두 가지 덕목을 『키루스의 교육』과 『소아시아 원정기』(아나바시스)에서 각각 제시했다. 중요한 것은 이 책이 거대한 리더십의 뿌리를 '가정'에서 찾고 있다는 점이다. 가정을 다스리는 원리는 제국을 다스리는 원리와 다르지 않다. 가정의 경영이 곧 세상의 경영이다.

〈예루살렘 성전에서 약탈당한 전리품을 돌려주는 키루스 대왕〉(페르디난드 볼, 1660년)●

● 키루스 대왕은 신바빌로니아 제국을 점령하고 난 뒤 그곳에 포로로 잡혀 있던 유대인들을 풀어주고 약탈당한 전리품도 돌려주었다. 이 파격적인 관대함은 적들조차 그를 위대한 군주로 칭송하게 만들었다. 그림 속 키루스의 손은 내어주는 손이다. 12장에서 이스코마코스는 아랫사람을 가르칠 때는 강압이 아니라 '관대함'으로 이끌어야 한다고 말한다. 공포가 아니라 감동을 통해 자발적인 복종을 이끌어내는 힘, 이것이 바로 '관대함'의 리더십이다.

●● 반면 기원전 401년, 적진 한복판에 고립된 1만 용병대를 이끌고 탈출한 크세노폰에게 필요한 것은 '실행력'이었다. 그는 혼돈을 질서로 바꾸고 길 없는 곳에 길을 냈다. 가정과 기업을 경영하는 데는 이 두 가지가 모두 필요하다. 사람을 얻는 관대함, 그리고 위기를 돌파하는 실행력이 그것이다.

〈만인의 후퇴〉(장아드리앙 기녜, 1843년)●●

6. 올리브와 포도나무: 아테네 경제의 두 기둥

부(富)는 어디서 올까? 소크라테스는 발밑의 땅에 주목했다. 척박한 아테네 땅에서도 뿌리를 내리는 올리브와 포도는 단순한 작물이 아니었다. 세대를 이어 번영을 약속하는 '투자'이자 경제 시스템의 상징이었다. 19장에서는 과실수 심는 방법을 상세히 묘사한다. 그리스인들에게 과실수란 미래를 위해 현재를 심고 가꾸는 경영자의 안목, 즉 '자산 관리'의 원형이다.

〈올리브 수확〉(안티메네스, 기원전 530-510년경)●

- 올리브유는 고대 지중해의 '액체 황금'이었다. 도기에 새겨진 인부들이 장대를 휘두르며 올리브를 수확하는 장면은 번영의 기초가 어디에 있었는지를 보여준다. 16장에서 소크라테스는 "땅의 본성은 정직하다"라고 전한다. 땅을 비옥하게 하는 것은 주인의 관심과 기술이기 때문이다. 번영은 우연히 오지 않는다. 심고 거두는 자의 땀 속에 있다.

- 올리브가 '액체 황금'이라면 포도주는 그 번영을 가능하게 한 '혈액'이었다. 사티로스들이 포도를 으깨는 축제 장면의 이면에는 정교한 농사 기술이 숨어 있다. 19장에서 소크라테스는 포도나무를 심으면서 '싹눈이 땅에 파묻히게끔 눕혀서' 묻으라고 조언한다. 당장의 높이보다 보이지 않는 뿌리를 넓고 깊게 하라는 의미다. 따라서 흘러넘치는 포도주는 땅속 깊이 미래를 심은 자만이 누릴 수 있는 정당한 결실이다.

〈디오니소스와 사티로스, 포도 으깨기〉
(작자 미상, 기원전 530-500년경, 시라큐스 고고학 박물관 소장)●●

7. 질서의 미학: 모든 효율은 '정리'에서 시작된다

"인간에게 질서만큼 유용하고 아름다운 것은 없다." 8장에서 이스코마코스는 단언했다. 뒤엉킨 실타래나 무질서한 창고는 아무런 가치도 창출하지 못한다. 집안의 물건 배치에서 삼단노선의 키잡이, 행군하는 군대의 대오에 이르기까지, 모든 것은 '질서'라는 원리로 관통된다. 적재적소한 배치와 일사불란한 시스템, 이것이 그리스식 가정 경영의 원칙이다.

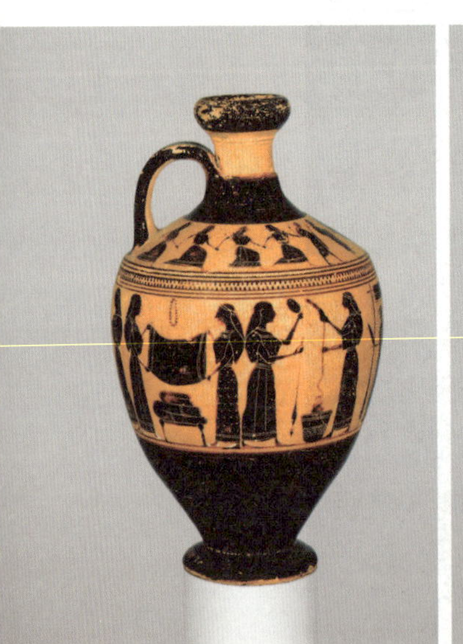

〈양모를 짜는 여인〉(아마시스, 기원전 550-530년경)●

● 실 한 올이라도 엉키면 옷감을 짤 수 없다. 고대 그리스의 직조 과정은 완벽한 질서를 요구했다. 물건을 제자리에 두고 업무의 순서를 정하는 것, 사소해 보이는 '정리 정돈'이 사실은 생산성의 출발점이다.

●● 170명의 노꾼이 타는 거대한 삼단노선이 바다를 가르며 나아갈 수 있는 비결은 무엇일까? 바로 '시스템'이다. 노꾼들이 제멋대로 움직이면 배는 전복된다. 각자 정해진 위치에서 질서 정연하게 움직일 때 배는 가장 빠르고 아름답게 항해한다. 소크라테스는 말한다. "질서만큼 인간에게 유용하고 아름다운 것은 없다." 가정이든 기업이든, 성공하는 조직은 모두 잘 정렬된 삼단노선을 닮았다.

〈오디세우스와 세이렌들, 삼단노선〉
(세이렌 페인터, 기원전 480-470년경)●●

••• 아테네의 공식 전령선 파랄로스호가 물살을 가른다. 수많은 노꾼이 한 치의 오차도 없이 질서 정연하게 노를 젓는 모습이 부조에 생생하게 새겨져 있다. 거대한 삼단노선을 움직이는 힘은 바로 이 '질서'에서 나온다. 소크라테스는 가정 경영도 이와 같다고 보았다. 각자의 역할이 명확하고 시스템이 잡힌 가정은 국가라는 거대한 배를 움직이는 든든한 원동력이 된다.

〈아테네의 국가 선박 파랄로스(Paralos)가 항해하는 모습〉
(작자 미상, 봉헌용 조각, 기원전 4세기경) •••

일러두기

1. 번역 대본으로는 다음 원서에 수록된 그리스어 원문을 사용했으며, 정확한 본문 이해를 위해 여러 영역본을 참고했다.

   E. C. Marchant, ed. *Xenophontis opera omnia*, vol. 2. 2nd ed. Oxford Classical Texts (Oxford: Clarendon Press, 1921)

2. 한국어판은 위 원전 대본의 장·절 구분을 그대로 따르되, 현대 독자의 독서 흐름을 고려해 전체를 3부 구성으로 재편했다. 각 부와 장의 제목은 원문의 주제와 논지를 해치지 않는 범위에서 독자가 쉽게 따라갈 수 있도록 옮긴이가 새로 붙인 것이다. 한편 본문 난외에 병기된 아라비아 숫자는 원전 대본의 절 번호를 그대로 유지한 것으로, 이는 현재까지도 크세노폰 연구에서 표준적으로 활용되는 구분법이다.

3. 그리스어 고유명사는 기본적으로 현행 외래어 표기법을 따르되, 관행적 표기와 실제 고대 그리스어 발음 사이에 차이가 있는 경우에는 원음에 보다 가까운 표기를 우선했다.

4. 본문 각주는 모두 옮긴이의 것이다.

제1부

가정 경영론

1장

가정 경영과 재산의 정의

언젠가 나는 소크라테스가 가정 경영[1]을 주제로 이런 대화를 나누는 것을 들었다.

"말해보게, 크리토불로스."[2] 소크라테스가 말했다. "과연 가정 경영이라는 것도 의술이나 목공술, 대장장이 기술처럼 특정

1　'가정 경영'으로 번역한 '오이코노미아'(οἰκονομία)는 '집, 가정'을 뜻하는 '오이코스'(οἶκος)와 '법, 관리'를 뜻하는 '노모스'(νόμος)가 결합된 것으로, 고대 그리스에서는 가정의 자원을 효율적으로 관리하는 기술이나 지식을 가리켰다. 시간이 지나면서 이 개념은 확장되어 더 넓은 범위의 자원 관리, 즉 도시나 국가의 재정 관리까지 포함하게 되었고, 오늘날의 '경제학'(economics)이라는 학문 분과로 발전했다. 본문에서 '오이코스'(οἶκος)가 단독으로 사용된 경우에는 주로 '가산'으로 번역했으나 문맥에 따라 '집', '살림' 등으로 옮기기도 했다.

한 지식을 가리키는 이름인가?"

"제게는 그렇게 보입니다." 크리토불로스가 대답했다.

2 　"그러면 다른 기술들이 무슨 일을 하는지 말할 수 있는 것처럼, 가정을 경영한다는 게 무슨 일을 하는 것인지도 말할 수 있겠는가?"[3]

"훌륭한 가정 경영자의 임무는 집안 살림을 잘 관리하는 것입니다." 크리토불로스가 대답했다.

3 　"그렇다면 다른 사람의 가산이라면 어떠한가?" 소크라테스가 말했다. "누군가 그에게 가정 경영을 맡긴다면 자신의 가산처럼 잘 경영할 수 있지 않겠는가? 목공술을 아는 사람을 생각해보게. 그는 자신을 위해서 일하든 다른 사람을 위해서 일하든 똑같이 일할 수 있네. 훌륭한 가정 경영자도 마찬가지일 것이네."

"제게는 그렇게 보입니다, 소크라테스시여."

4 　"그렇다면 이 기술을 아는 사람이라면 자기 재산이 없더라

---

2 '크리토불로스'는 소크라테스의 일생의 벗이자 제자였던 크리톤(기원전 4세기경)의 아들이다. 크리톤은 농업으로 돈을 번 부유한 사업가로 묘사된다. '크리토불로스'는 이 책의 초반부에 소크라테스의 대화 상대로 등장하며, 그의 문제 제기를 계기로 소크라테스와 이스코마코스(농업 경영의 이상적 모델로 제시되는 인물)의 본격적인 대화가 전개된다.

3 여기서 '일'로 번역한 에르곤(ἔργον)은 고대 그리스어로 '일', '행위', '기능'처럼 다양한 의미가 있다. 소크라테스가 '가정 경영의 일'을 묻자, 크리토불로스는 '훌륭한 가정 경영자의 임무'로 답변한다. 겉보기에는 질문과 답변이 어긋난 것 같다. 그런데도 소크라테스는 이 답변을 받아들이고 다음 논의를 진행한다. 추상적 개념을 구체적 행위(자)로 바꿔나가는 크세노폰의 실천적 지혜가 엿보이는 대목이다.

도 남의 집 살림을 경영해주고 보수를 받을 수 있지 않겠나? 마치 다른 사람의 집을 지어주고 보수를 받는 것처럼 말이네."

"제우스께 맹세하건대 만약 그가 가정 경영을 도맡아 필요한 지출을 감당하고 나서도 이익을 남겨 가산을 불려줄 수 있다면 많은 보수를 받을 것입니다." 크리토불로스가 대답했다.

"그런데 자네에게는 가산이란 무엇인가? 단지 집의 건물인 5 것인가, 아니면 집 바깥에 둔 모든 소유물까지 포함하는가?"

"제가 보기에 같은 도시에 있든 다른 곳에 있든 상관없이, 그가 소유한 모든 것이 그의 가산입니다." 크리토불로스가 대답했다.

"그렇다면 어떤 사람들에게는 적들도 있지 않은가?" 소크라 6 테스가 물었다.

"제우스께 맹세하건대 어떤 사람들에게는 적이 많습니다."

"그렇다면 적들도 마찬가지로 그들의 소유물이라고 불러야 하겠는가?"

"만약 어떤 가정 경영자가 적의 수를 늘려주었다는 이유로 보수를 받는다면 그것은 어처구니없는 일일 것입니다." 크리토불로스가 대답했다.

"이런 어처구니없는 결론이 나온 이유는 우리가 어떤 사람 7 이 소유하고 있는 모든 것을 가산이라고 여겼기 때문이네."

"제우스께 맹세하건대 가산이란 어떤 사람이 소유한 좋은 것입니다. 제우스께 맹세하건대 나쁜 것이라면 저는 그것을 소유물이라고 부르지 않을 것입니다."

"그러면 자네는 소유자에게 이득을 가져다주는 것들을 소유물이라고 부르는 모양이군."

"물론입니다." 크리토불로스가 대답했다. "그리고 해를 끼치는 것들은 재산이라기보다는 손실이라고 생각합니다."

8   "그렇다면 어떤 사람이 말을 샀으나 잘 다루지 못해 떨어져 다쳤다면 그 말은 그에게 재산이 아닌가?"

"그렇습니다. 재산은 좋은 것이기 때문입니다."

"그렇다면 어떤 사람이 땅을 경작해서 손해를 보았다면 땅도 그 사람에게는 재산이 아니겠군."

"만약 땅이 먹여 살리는 대신 굶주리게 한다면 땅도 재산이 아닙니다."

9   "어떤 사람이 양들을 다루는 방법을 몰라서 손해를 본다면 그 양들도 마찬가지로 그 사람에게 재산이 아니겠지?"

"적어도 제게는 그렇게 보입니다."

"보아하니 자네는 이득을 가져다주는 것은 재산이고 해를 끼치는 것들은 재산이 아니라고 생각하는군."

"그렇습니다."

10   "그렇다면 완벽히 같은 대상일지라도 그것을 사용하는 방법을 아는 사람에게는 재산이지만 사용하는 방법을 모르는 사람에게는 재산이 아니라는 것이군. 가령 피리는 피리를 능숙하게 불 줄 아는 사람에게는 재산이지만 피리를 불 줄 모르는 사람에게

는 쓸모없는 돌덩이보다 나을 것이 없다는 것이군."

"그렇습니다. 그가 피리를 팔지 않는 한은 말입니다."

"이제 분명해졌네. 피리를 사용할 줄 모르는 사람들에게 피리는 팔았을 때만 재산이며, 팔지 않고 소유하고 있을 때는 재산이 아니라는 것이네."

"그렇습니다, 소크라테스시여. 그리고 우리의 논의는 정말 일관되게 진행되고 있습니다. 우리는 이득을 가져다주는 것을 재산이라고 말했기 때문입니다. 팔리지 않은 피리는 쓸모가 없으므로 재산이 아니지만 팔린다면 재산이 됩니다."

이 말에 대해 소크라테스가 말했다.

"그냥 팔기만 해서는 안 되고 그 방법이 중요하다네. 만약에 팔고 나서 그 대가로 어떻게 사용해야 할지 모르는 것을 받았다면, 자네의 말마따나 그 피리는 팔렸다고 해도 여전히 재산이 아니네."

"소크라테스시여, 당신은 만약 어떤 사람이 돈을 사용하는 방법을 알지 못한다면 그에게는 돈조차 재산이 아니라고 말씀하시는 것 같습니다."

"자네와 나는 사람에게 이득을 가져다주어야 재산이 된다는 합의에 이르렀네. 예컨대 어떤 사람이 돈을 줘서 창녀를 산 다음에 그녀 때문에 건강이 나빠지고 영혼도 나빠지고 그의 가산도 탕진했다면 과연 그 돈이 그에게 이득을 가져다주었다고 말할 수 있겠는가?"

"우리가 사람을 실성하게 만드는 히오스키아모스라는 독초[4]를 재산이라고 부른다면 모를까, 결코 그렇게 말할 수 없습니다."

14   "크리토불로스, 그렇다면 돈이라고 할지라도 사용법을 모른다면 아무짝에도 쓸모없어서 재산이라고 할 수조차 없네." 소크라테스가 말했다. "그럼 친구들은 어떠한가? 친구들을 잘 활용해서 이득을 얻는다면 그들을 뭐라고 불러야 하겠는가?"

"제우스께 맹세하건대 당연히 재산입니다. 만약 소 떼보다 큰 이득을 가져다준다면 친구들이 훨씬 더 가치 있는 재산입니다." 크리토불로스가 대답했다.

15   "자네 논리에 따르면 적들도 재산인가? 적들에게 이득을 얻을 줄 안다면 말이네." 소크라테스가 말했다.

"저에게는 그렇게 보입니다." 크리토불로스가 말했다.

"그렇다면 훌륭한 가정 경영자는 적을 다루는 법을 알아서 그로부터 이득을 얻어야 한다는 말인가?"

"단연코 그렇습니다."

"크리스토불로스, 개인이 전쟁을 통해 가산을 늘린 경우가 얼마나 많고, 또 그렇게 가산을 늘린 참주는 얼마나 많은지 자네도 알 것이네." 소크라테스가 말했다.

---

4   히오스키아모스(ύοσκύαμος)는 모든 부분에 독성 물질을 함유하고 있어 환각, 섬망, 혼수상태를 유발하고, 과다 복용 시에는 사망할 수 있다. 고대 그리스, 로마, 중세 유럽에서 마법, 주술, 독약 제조에 사용되었고, '마녀의 약초'로도 불렸다.

"소크라테스시여, 당신의 말씀이 맞습니다." 크리토불로스가
대답했다. "어떤 사람들은 지식도 가지고 있고, 일을 해서 가산을
늘릴 수 있는 밑천도 가지고 있습니다. 하지만 일하기를 원하지
않아서 그 지식이 그들에게 아무런 쓸모가 없습니다. 그런 경우
그들에게는 지식도 재산이 아니고, 그들의 소유물도 재산이 아
니라고 해야 하지 않겠습니까?"

"크리토불로스, 자네는 지금 노예들에 관해 나와 논의하려
고 하는 것인가?" 소크라테스가 말했다.

"제우스께 맹세하건대 아닙니다." 크리토불로스가 대답했다.
"지금 저는 대단한 명문가 출신으로 여겨지는 사람들을 두고 말
하는 것입니다. 제가 보기에 그들은 전쟁의 기술이든 평화의 기
술이든 모두 갖추었습니다. 그런데 실천하려 들지 않습니다. 저
는 그 이유가 그들에게 주인이 없기 때문이라고 생각합니다."

"그들에게 주인이 없다고는 할 수 없네." 소크라테스가 말했
다. "그들은 번영을 기원하고 자신의 능력을 발휘하여 훌륭한 일
을 하려 하네. 그런데도 어떤 지배자들이 그것을 가로막고 방해
하지. 그렇다면 주인이 있다고 해야 하지 않는가?"

"도대체 그 보이지 않는 지배자들이 누구입니까?" 크리토불
로스가 물었다.

"제우스께 맹세하건대 보이지 않는 자들이 아니네." 소크라
테스가 대답했다. "아주 분명하게 보이네. 만약 자네가 진정으로
나태함과 영혼의 나약함과 부주의함을 악이라고 여긴다면 자네

는 그 지배자들이 얼마나 악한 존재인지 분명하게 보고 있는 것이네.

20 　또한 즐거움을 주는 척 속이는 여주인들도 있네. 도박이나 사람들 간의 쓸데없는 교제가 그런 여주인들이네. 하지만 시간이 흘러가면 속은 사람들 스스로 분명히 알게 된다네. 실상 그런 것들은 쾌락으로 감싸인 고통에 불과하고 마침내는 그들을 사로잡아 이로운 것들을 얻지 못하게 한다는 사실을 말이네."

21 　"그러나 소크라테스시여, 다른 경우도 있습니다. 어떤 사람들은 지배자나 여주인에게 방해받지 않습니다. 그들은 아주 열심히 일해 소득을 만들어내려고 하는데도, 끝내 가산을 탕진하고 곤경에 처하고 맙니다."

22 　"그들 역시 노예라네." 소크라테스가 말했다. "게다가 그들은 아주 가혹한 주인들의 노예들이네. 어떤 사람들은 탐욕의 노예들이고, 어떤 사람들은 음탕함의 노예들이며, 어떤 사람들은 술의 노예들이고, 어떤 사람들은 어리석고 낭비를 일삼는 명예욕의 노예들이네. 이 주인은 얼마나 가혹한지, 지배하는 사람들이 한창 일할 수 있는 동안에는 벌어들인 것을 모두 욕망에 쏟도록 강요하지. 그러다가 그들이 늙어서 더는 일할 수 없게 되면 그들을 버려 비참하게 늙어가게 하고, 대신 그 자리에 젊은 사람을 앉혀 노예로 삼아 부리려고 하네.

23 　크리토불로스, 우리가 이런 것들에 대항하여 자유를 위해 싸워야 한다네. 우리를 노예로 만들려는 자들에 대항하여 무기

를 들고 싸우는 것만큼 중요한 일이지. 명백한 적일지라도 그들이 아름답고 좋은 사람[5]이라면 얘기가 다르네. 그들은 누군가를 노예로 삼더라도 절제를 가르쳐서 더 나은 사람이 되도록 하네. 그리하여 여생을 더 수월하게 살아갈 수 있게 하지. 그러나 방금 말한 여주인들은 다르네. 사람의 몸과 영혼을 학대하고 가산을 끝없이 탕진하게 한다네."

[5] '좋은'(ἀγαθός, 아가토스)은 본성에 부합한 상태를 가리키고, 본성에 부합하면 모든 면에서 좋을 수밖에 없다. '아름다운'(καλός, 칼로스)은 어떤 것이 본성에 부합해서 '좋은' 것일 때 거기로부터 흘러나오는 아름다움을 가리킨다. 그래서 고대 그리스의 교육은 이 두 가지를 목표로 했고, 그 목표를 이 두 단어를 결합한 '칼로카가티아'(καλοκἀγαθία)라고 표현했다. 이 책에서 사용되는 '아름다운'과 '좋은'이라는 표현은 이러한 의미를 전제로 하며, 한국어로는 다소 의미가 약하게 전달될 수 있으나 번역의 일관성을 위해 이 두 표현을 그대로 사용했다. 그러므로 이를 일상적인 의미의 '아름다운'이나 '좋은'으로 평범하게 이해해서는 안 된다.

부유함에 대하여

1 그러자 이 말들을 들은 크리토불로스는 이렇게 말했다. "욕망에 대해서는 이제 충분히 들었다고 생각합니다. 그리고 저 자신을 돌이켜 보았을 때, 제게는 그런 욕망을 적절히 다스릴 수 있는 자제력이 있는 것 같습니다. 그러니 제게 가산을 늘릴 방법을 조언해주신다면 당신이 말씀하신 여주인들 탓에 더는 시달리지 않을 것입니다. 그러니 안심하시고 어떻게 해야 할지 조언해주십시오. 아니면 소크라테스시여, 당신은 이미 우리가 충분히 부유하다고 여기셔서 더 이상의 재산은 필요없다고 보십니까?"

2 "나에게는 필요없다네." 소크라테스가 대답했다. "나는 재산이 더 필요하지 않고 충분히 부유하다고 생각하네. 그러나 크리

토불로스, 내게는 자네가 매우 가난해 보이는군. 정말이지 제우스께 맹세하건대 이따금 나는 자네를 매우 동정하네."

그러자 크리토불로스가 웃으며 말했다. "그렇다면 소크라테스시여, 당신의 재산을 팔면 얼마나 될 것이라고 보시며 제 재산은 얼마나 될 것이라고 보십니까?"

"좋은 구매자가 나타나서 내 집을 비롯한 재산을 모두 판다면 5므나⁶ 정도는 충분히 받을 걸세. 나도 자세히 알고 있네만 자네 재산을 모두 팔면 내가 가진 것의 100배 이상은 된다지."

"그렇게 잘 알고 계시면서도, 소크라테스시여, 당신은 재산이 더 필요 없다고 하시고, 오히려 저를 가난하다고 동정하시는 겁니까?"

"나는 지금 가진 것들로도 충분하기 때문이네." 소크라테스가 대답했다. "하지만 자네처럼 격식을 차리고 평판을 유지하려고 했다면 지금 자네가 소유한 것의 세 배를 가지더라도 충분하지 않았겠지."

"어째서 그럴까요?" 크리토불로스가 물었다.

소크라테스는 이렇게 단언했다. "첫째, 자네는 신들께 제사

6　1므나(μνᾶ)는 100드라크마에 해당하며, 1드라크마는 당시 숙련공의 하루 임금이었다. 따라서 5므나는 500드라크마, 즉 숙련공의 약 500일치(1년 반 정도) 임금에 해당한다. 현대 가치로 환산하면 대략 연소득의 1.5배 정도로, 소크라테스의 전 재산이 결코 많지 않았음을 보여준다. 그 백 배인 500므나는 8탈란톤 20므나다. 1탈란톤은 60므나이므로 숙련공의 16-20년치 임금에 해당했다.

를 많이 지내야 하고 성대하게 지내야 하지. 그러지 않으면 신이나 사람들이 자네를 가만두지 않을 것이네. 둘째, 자네는 무수한 외국인 손님을 맞아들이고 성대하게 대접하네. 셋째, 자네는 시민에게 식사를 대접하고 은혜를 베풀지. 그러지 않으면 동맹을 잃게 될 테니 말이야.[7]

6   더구나 자네는 이미 국가의 공공 업무 같은 큰 의무를 짊어지고 있지.[8] 말 사육, 합창대 후원, 체육관 관리 같은 것들 말이네. 나중에 전쟁이라도 일어난다면 국가는 자네에게 삼단노선[9]의 유지비는 물론이고, 감당하기 어려울 정도로 전쟁세를 많이 부과

---

7   여기서 소크라테스는 고대 아테네의 부유층 시민들이 부담했던 '레이투르기아'(λειτουργία)라 불린 공적 의무의 성격을 잘 보여준다. 레이투르기아는 크게 종교적 의무, 외교적 의무, 사회적 의무의 세 분야로 나뉘었다. 이 공적 의무는 연간 소득이 500메딤노스(약 26톤의 곡물 생산량, 상당한 토지 소유를 의미) 이상이고 3-4탈란톤(숙련 노동자 50-65년치 임금에 해당하는 재산) 이상의 재산을 가진 최상위 300-400개의 가문에게만 부여되었다. 크리토불로스의 가문은 여기에 해당했다.

8   '말 사육'은 기병대가 사용하는 말들을 구입하고 사육하고 훈련시키는 것을 말하는데, 연간 1,000-2,000드라크마의 비용이 필요했다. '합창대 후원'은 아테네에서 열린 여러 축제에 출연할 합창대를 후원하는 것인데, 3,000-5,000드라크마의 비용이 들었다. '체육관 관리'는 체육관을 유지하고 장비를 사들이고 선수들을 훈련시키고 상금 마련 등을 포함하고, 2,000-4,000드라크마가 소요되었다. '공공 업무'는 공공 건물 유지, 도로 보수 등을 가리키는데, 1,000-3,000드라크마의 비용이 필요했다.

9   '삼단노선'은 고대 지중해 세계에서 사용된 가장 발전된 형태의 전함용 갤리선으로, 특히 고대 그리스와 페니키아, 후에는 로마에서 해군력의 중추를 이루었다. 길이는 35-40미터, 폭은 5-6미터였고, 삼단으로 된 곳에 앉은 노꾼 170명이 노를 저었고, 선원과 군사가 30명이 탑승했다. 삼단노선 한 척을 건조하는 데는 1탈란톤(약 26킬로그램의 은)이 들었다.

                                            제1부 가정 경영론

하리라는 것도 알고 있네.[10] 나아가 이런 의무를 제대로 수행하지 않는다면 아테네 사람들은 마치 자네가 자기네들의 물건을 도둑질하다가 잡히기라도 한 것처럼 벌하리라는 것도 나는 알고 있다네.

게다가 자네는 스스로 부유하다고 생각해서 돈 버는 데는 무관심하고, 젊은이들이 관심을 쏟을 법한 일[11]에나 몰두하고 있지 않나. 이런 이유로 나는 자네가 돌이킬 수 없는 악에 빠져서 곤궁에 처하지는 않을지 우려하고 있다네.

나로 말하자면, 스스로 무언가 필요할 때면 도와줄 사람들이 있을뿐더러 그들이 아주 작은 도움만 주어도 내 삶은 풍요롭다네. 그러나 자네의 친구들을 보게. 이미 자네보다 훨씬 풍족하면서도 어디 이득이 떨어지지는 않을지 자네만 바라보고 있지 않은가."

그러자 크리토불로스가 대답했다. "소크라테스시여, 저는 당신이 하신 말씀을 반박할 수 없습니다. 그러니 이제 제가 진정 불쌍한 사람이 되지 않도록 당신이 저를 이끌어주실 때입니다."

소크라테스가 이 말을 듣고서 말했다. "크리토불로스, 자네

10　한 척의 '삼단노선'(함선) 건조 비용 1탈란톤 외에, 6개월 간 유지비는 12,000-15,000 드라크마의 비용이 들었다. 평시에는 연소득의 30-40퍼센트를 부담했지만, 전시에는 그 부담이 연소득의 60-80퍼센트까지 늘었다.

11　여기서는 유치하고 진지하지 못하며 책임감 없는 일들이라는 부정적 함의를 지닌다. 그런 일들로는 체육 활동, 사교 활동, 지적 유희, 연애 등이 있었다.

행동이 놀랍다고 생각하지 않는가? 방금 전 내가 부유하다고 말
했을 때 자네는 부자가 무엇인지조차 모르는 사람을 보듯 비웃
었고, 내가 자네 재산의 백분의 일도 소유하지 않았다는 것을 인
정하게 만들더니 이제는 되레 자네가 진정 가난에 빠지지 않도
록 나에게 이끌어달라고 부탁하는 것인가?"

10   "소크라테스시여, 제가 보기에 당신은 이익을 남겨서 재산
을 늘리는 방법을 알고 있습니다. 적은 재산으로도 이익을 남길
줄 아는 사람이라면, 많은 재산을 가지고는 아주 쉽게 더 많은
이익을 남길 것이기 때문입니다."[12]

11   "자네는 조금 전에 나눈 대화를 기억하지 못하는가? 자네는
내게 한 마디 말할 틈도 주지 않으면서 말을 다루는 방법을 모
르는 사람에게는 말이 재산이 아니고, 땅과 양 그리고 돈조차 그
사용법을 모르는 사람에게는 재산이 아니라고 했지. 그런데 소
득이란 바로 그런 것들에서 나오네. 나는 그중 어느 것도 소유해
본 적이 없는 사람일세. 그런데도 자네는 어째서 내가 다스려본
적도 없는 것을 잘 사용하리라고 생각하는가?"

12   "저는 설령 어떤 사람에게 재산이 전혀 없더라도 가정 경영
에 관한 지식을 가지고 있을 수 있다고 생각했습니다. 그렇다면

12　크리토불로스는 소크라테스의 말을 듣고, 그가 제자들에 대한 철학 교육을 통해 비
록 수업료는 받지는 않지만 그렇게 쌓아놓은 인맥으로 적은 소득을 올리고, 검소한
생활로 지출을 최소화하여 충분히 생활하고도 조금이나마 잉여 재산을 남겨 부를
창출하고 있다고 생각했다.

당신은 무슨 이유로 알지 못한다는 것입니까?"

"제우스께 맹세하건대 어떤 사람이 피리를 부는 방법을 모르는 것과 같은 이유라네. 그가 한 번도 피리를 소유한 적이 없고 아무도 그에게 피리를 빌려주지도 않았다고 생각해보게. 나 역시 비슷한 처지라네. 나는 가정 경영을 익히고 시험해 볼 만한 재산을 한 번도 가져본 적이 없었고, 지금껏 누구도 자신의 재산을 내게 맡겨 경영해 보라고 한 적이 없었네. 지금껏 자네를 제외하고는 말이네. 키타라 연주법을 처음 배우는 사람들은 리라를 망가뜨리기 마련이지.[13] 마찬가지로 자네의 가산을 가지고 내가 가정 경영을 배우려고 한다면 자네의 가산을 탕진해버릴지도 모르네."

그러자 크리토불로스가 말했다. "소크라테스시여, 당신은 저를 도와주지 않으려고 무척 애쓰고 계시는군요."

"제우스께 맹세하건대 아니네." 소크라테스가 대답했다. "그

13　'리라'는 거북이 등껍질이나 나무로 만든 공명통에 보통 7개의 현을 장착한 현악기로, '아울로스'(피리)와 함께 고대 그리스의 대표적인 악기였다. 키타라보다 작고 구조로가 단순해 교육과 일상적인 음악 연주에 활용되었다. '리라'에서 발전한 '키타라'는 사각형 또는 말발굽 모양의 공명통에 7-12개의 현을 장착한 현악기로, 리라보다 크고 복잡했으며 주로 전문 음악가들이 연주했고 공식적인 행사나 경연대회에서 사용했다. 여기에서 '피리'로 번역한 '아울로스'는 보통 갈대, 나무, 뼈, 상아 등으로 만든 두 개의 관으로 구성되어 있었고, 두 관을 동시에 입에 물고 연주했다. 고대 그리스에서 '키타라'와 '리라'는 음악의 신 아폴론에 의한 질서, 조화, 이성, 균형을 상징했고, '아울로스'는 포도주의 신 디오니소스와 관련되어 열정, 감정, 도취, 혼돈을 상징했다.

렇지 않네. 도리어 나는 내가 아는 것은 무엇이든 설명해주고 싶다네.

15   생각해보게. 자네가 불을 구하러 왔는데 내게 없어서 다른 곳으로 안내했다면 자네는 나를 비난하지 않을 걸세. 물도 마찬가지라네. 내게 없어서 다른 곳으로 데려갔다면 나를 비난하지 않겠지. 그렇다면 음악은 어떠한가? 자네가 내게서 음악을 배우려 하는데, 내가 나보다 훨씬 뛰어난 자들을 소개해줘서 자네가 그들에게 배우기를 원하고, 그들 역시 자네를 기꺼이 가르치려 한다면, 자네가 나를 탓할 이유가 어디 있겠는가?”

16   “소크라테스시여, 그런 일로 당신을 비난한다는 것은 정의롭지 못합니다.”

“그렇다면 크리토불로스, 자네가 지금 배우기를 간청하는 것을 나보다 훨씬 잘 아는 다른 사람들을 소개해주겠네. 그동안 나는 분야별로 이 도시에서 누가 가장 박식한지를 두고 관심을 기울여왔다네.

17   한번은 똑같은 일을 하는 사람들 중에서도 어떤 이는 아주 가난한 반면, 어떤 이는 매우 부유하다는 사실을 알아차리고는 크게 놀라서 무슨 이유에서 그런지 살펴봐야겠다고 생각했네. 나는 살펴보면서 충분한 이유가 있다는 것을 알아차렸네.

18   일을 무작정 하는 사람들은 손해를 보지만 일에 공을 들이고 근면하게 임하는[14] 사람들은 일처리가 더 빠르고 수월할 뿐 아니라 더 많은 이득을 얻는다는 것을 알게 되었지. 자네도 그런

사람들에게 배우면 아주 유능한 재산 증식가[15]가 될 수 있다네. 자네가 원하고 신이 도와준다면 말일세."

14 여기서 '근면하게 임하는'으로 번역한 '에피멜레오마이'(ἐπιμελέομαι)는 '돌보다', '보살 피다', '관리하다'처럼 여러가지 의미가 있다. 이것의 명사형 '에피멜레이아'(ἐπιμέλεια) 는 '돌봄', '주의', '근면'을 의미하며 책 전반에 걸쳐 등장하는 개념이다. 특히 후술할 12장에서 관리인 교육의 핵심 덕목으로 집중적으로 다루어지는데, 경제 활동의 성 공과 실패를 가르는 결정적 요소로 제시된다. 여기서는 같은 일을 하는 사람 간의 빈부 격차를 설명하는 원리로 처음 등장해, 이후 전개될 가정 경영의 실천적 핵심을 예고한다. 이 개념은 단순한 노력이나 성실함을 넘어, 지속적이고 세심한 주의와 관 심을 기울이는 적극적 태도를 의미한다.

15 '재산 증식가'(χρηματιστής, 크레마티스테스)는 무역업, 금융업, 제조업 등을 통해 적극 적으로 재산을 불리는 사람을 가리키고, 초점이 부의 축적에 맞춰져 있다. '가정 경 영자'(οἰκονόμος, 오이코노모스)는 일차적으로는 한 가정을 질서정연하게 관리하여 모 든 것이 제자리에 있게 하는 데 초점을 맞추고 나아가 가산을 효율적으로 관리하고 경영하여 부를 늘리는 역할을 맡는다.

3장

가정 경영의 사례

I 이 말을 들은 크리토불로스가 말했다. "소크라테스시여, 당신이 청중들 앞에서 말씀하신 것의 실제 사례를 저에게 보여주기 전에는 당신을 놓아주지 않겠습니다."

"그렇다면 이렇게 하면 어떠한가, 크리스토불로스?" 소크라테스가 대답했다. "내가 자네에게 한편으로는 많은 돈을 들여 쓸모없는 집을 짓는 사람들을 보여주고, 다른 한편으로는 훨씬 적은 돈을 들여 필요한 것을 모두 갖춘 집을 짓는 사람들을 보여주는 것 말이네. 그러면 자네는 그것을 가정 경영의 일을 드러내는 한 가지 사례로 보지 않겠는가?"

"물론입니다." 크리토불로스가 대답했다.

"그렇다면 뒤따르는 결과를 자네에게 드러내 보여주면 어떻 2
겠는가? 많은 돈을 들여 쓸모없는 집을 지은 사람이 있네. 그는
다양하고 많은 가재도구를 소유하고 있으면서도 막상 필요할 때
가 되면 사용하지도 못하고, 제대로 갖추어져 있는지조차 몰라,
괴로워하고 가노들에게도 많은 괴로움을 준다네. 반면에 훨씬
적은 돈을 들였지만 필요한 것을 모두 갖춘 집을 지은 사람이 있
네. 그는 많이 소유하지 않았고 외려 더 적게 가지고 있지만 그
것들을 필요할 때 곧장 사용하도록 준비해놓는다네."

"그런데 소크라테스시여, 이런 차이가 생기는 이유가 무엇 3
입니까? 한쪽은 물건들을 아무렇게나 던져놓은 반면 다른 쪽은
제자리에 정돈해두었다는 이유 말고는 없지 않습니까?"

"제우스께 맹세하건대 그렇네." 소크라테스가 대답했다. "각
각의 물건을 아무데나 두지 않고 제자리에 정돈했다는 바로 그
이유 때문이네."

"당신은 이것도 가정 경영에 속한다고 보시는군요." 크리토
불로스가 말했다.

"가노 관리도 마찬가지라네. 어떤 가정에서는 가노들을 꽁 4
꽁 묶어놓아도 그들은 늘 도망칠 궁리만 하네. 반면 어떤 가정에
서는 자유롭게 풀어두어도 가노들이 성실히 일하고 떠나려 하지
않네. 이것도 가정 경영의 본질을 보여주는 주목할 만한 사례가
아닌가?"

"제우스께 맹세하건대 그렇습니다." 크리토불로스가 대답했

다. "그렇고 말고요."

5   "그리고 서로 이웃한 땅에서 농사짓는 사람들 중에서도 농사를 짓다가 망해서 곤궁해졌다고 말하는 사람들이 있는 반면에 농사를 지어서 자신에게 필요한 모든 것을 풍족하게 얻었다고 말하는 사람들이 있네."

"제우스께 맹세하건대 그렇습니다." 크리토불로스가 말했다. "전자의 사람들은 아마 필요한 것에만 돈을 쓰지 않고 자기 자신과 자기 가산에 해를 끼치는 것에도 돈을 쓰는 탓입니다."

6   "아마 그런 사람들도 있을 것이네." 소크라테스가 말했다. "하지만 내가 말하려는 사람들은 다른 사람들이네. 농사를 짓는다고 말하면서도 정작 필요한 데 쓸 돈조차 없는 사람들이지."

"그 이유가 무엇입니까, 소크라테스시여?"

"내가 자네를 그 사람들에게로 데려가겠네." 소크라테스가 대답했다. "자네가 그 사람들을 관찰하면 틀림없이 그 이유를 알게 될 것이네."

"제우스께 맹세하건대 제가 그럴 수 있다면 그 사람들을 만나보겠습니다." 크리토불로스가 말했다.

7   "그렇다면 그 사람들을 관찰함으로써 자신을 시험해보아야 하네. 자네가 그 이유를 알 수 있는지 말이네. 자네는 희극을 구경하러 갈 때는 열성적이네. 새벽부터 일어나서 먼 길도 마다하지 않고 내게 공연을 함께 보러 가자고 열심히 설득하지. 그런데 정작 자네에게 유익한 것을 보러 가자고 나를 초대한 적은 한 번

도 없었네.”

“소크라테스시여, 제 모습이 당신 보시기에는 꽤 우스워 보였겠군요.”

소크라테스가 말했다. “제우스께 맹세하건대 자네는 자신에게 훨씬 우스운 사람이네. 말을 사육할 때도 비슷한 일이 벌어진다는 것을 자네에게 드러내 보여준다면 어떻겠는가? 어떤 사람들은 말 때문에 가난해지지만 어떤 사람들은 말로 큰 이득을 보면서 그것을 큰 자랑거리로 삼는다네.”

“물론 저도 말을 사육하는 사람들을 보았고, 당신이 말씀하신 두 부류를 모두 알고 있습니다. 그러나 저는 두 부류 중 돈을 버는 쪽이 되지는 못합니다.”

“내가 보기에, 자네가 비극과 희극 배우를 바라보듯 그들을 보고 있기 때문이라네. 즉, 자네는 작가[16]가 되기보다는 단지 무언가를 보거나 듣고 즐기려고 그들을 본다네. 자네는 작가가 되기를 원하지 않으니, 그런 식으로 보는 것도 무리는 아니네. 그러

---

16 ‘작가’로 번역한 ‘포이에테스’(ποιητής)는 단순히 글쓰는 사람을 넘어선 ‘창작자’를 의미한다. ‘만들다’, ‘창조하다’, ‘생산하다’라는 뜻의 ‘포이에오’(ποιέω)에서 파생하였으며, 현대 영어에서 시인이나 작가를 일컫는 ‘poet’의 어원이 되었다. 당시 포이에테스는 좁은 의미의 시인에 국한되지 않고, 희극과 비극 작가를 포함한 모든 창조적 예술가를 가리켰다. 고대 그리스에서 연극 작품은 시적 형식으로 창작되었기 때문에 극작가 역시 이 명칭으로 불렸다. 소크라테스는 여기서 ‘관객’과 ‘작가’를 대비시키면서, 연극에서는 관객이 되어도 무방하지만 말을 다루는 일은 실천의 영역이므로 주체성을 발휘해야 한다고 논증한다.

나 자네가 말을 사육할 수밖에 없는 처지에 있는데도[17] 굳이 말을 등한시하고 있다면 어리석은 일이네. 말이란 사용하기에도 좋고, 팔 때도 이득이 되는데도 말이네."

10 　"당신은 제게 어린 말을 길들이고 조련하라고 권하시는 것입니까, 소크라테스시여?"

"제우스께 맹세하건대 그런 뜻이 아니네. 그건 노예 아이들을 사서 농부로 기르라고 권하는 것이나 마찬가지라네. 나는 말이든 사람이든 최적의 시기가 있다고 생각하네. 당장 일을 시킬 수 있을 정도로 성숙하면서도, 아직 더 나아질 여지가 남아 있는 연령대가 있네. 아내에게도 해당되는 얘기임을 자네에게 보여주겠네. 즉 어떤 남편은 자기 아내와 협력하여 가산을 불려가지만 어떤 남편은 자기 아내가 가산에 해를 끼치도록 하네."[18]

17　고대 아테네에서 귀족들과 부자들은 전쟁에서 기병대로 출전했고, 중산층은 중무장 보병으로, 서민은 경무장보병으로 출전했다. 전쟁에서 사용되는 무기를 비롯한 무구들은 모두 자비로 마련해야 했기 때문이다. 크리스토불로스는 당연히 기병으로 군복무를 해야 했을 뿐만 아니라, 아테네 기병대에서 사용할 말들을 사육할 의무도 지고 있었을 것이다.

18　3장에서 '드러내 보여주다'로 번역한 '에포데이크니미'($\dot{\epsilon}\pi\iota\delta\epsilon\dot{\iota}\kappa\nu\nu\mu\iota$)와 '보여주다'로 번역한 '아포데이크니미'($\dot{\alpha}\pi o\delta\epsilon\dot{\iota}\kappa\nu\nu\mu\iota$)는 고대 그리스 철학·수사학 문헌에서 명확히 구분되는 용어다. 두 동사 모두 같은 어근에서 파생했지만 쓰임과 성격은 다르다. 전자는 소피스트들이 수사에서 자주 활용한 용어로, 구체적 사례나 예시를 '전시'하며 청중의 관심을 끄는 수사학적 기법이다. 반면 후자는 논리적 단계를 거쳐 명제를 '증명'하는 철학적 방법론을 지칭한다. 본 장에서 소크라테스는 8절까지 집짓기, 정리정돈, 농업, 마술 따위의 구체적 사례를 '드러내' 보인 다음, 후반부에서는 이를 아내 교육의 문제로 수렴시키며 논리적으로 '보여준다.' 먼저 사례를 제시하고 그것들을 하나의 논증 구조로 통합하는 소크라테스의 치밀한 방법론이 드러난다.

"소크라테스시여, 그런 경우에 우리는 남편을 비난해야 합 ⅠⅠ
니까, 아니면 아내를 비난해야 합니까?"

소크라테스가 대답했다. "양이 상태가 나쁘면 우리는 대개
목자를 비난하네. 그리고 말이 나쁘게 행동하면 우리는 대개 기
수를 비난하네. 아내도 마찬가지네, 만약 남편에게서 좋은 것들
을 교육받았음에도 불구하고 나쁘게 행동하였다면 아마 아내가
마땅히 책임져야 할 것이네. 그러나 남편이 아름답고 좋은 것들
을 아내에게 가르치지 않았고, 만약 아내가 그런 것들에 무지한
채 나쁘게 행동하였다면 남편이 마땅히 책임져야 하지 않겠는
가? 모쪼록 크리토불로스여, 여기 있는 사람들은 모두 자네의 친 ⅠⅡ
구들이니 진실을 말해야 하네. 자네에게는 아내 말고 집안의 중
대사를 맡길 다른 사람이 있는가?"

"아무도 없습니다." 크리토불로스가 대답했다.

"그러면 아내보다 자주 대화하는 다른 사람이 있는가?"

"거의 없고, 있다 해도 많지 않습니다." 크리토불로스가 대답 ⅠⅢ
했다.

"자네는 아내가 아주 어린 소녀일 때 결혼하지 않았나. 아내
에 대해서 거의 보고 들은 것이 없는 상태에서 말이네."

"그렇습니다."

"그렇다면 아내의 입장에서는 무엇을 말하고 행해야 하는지
안다면 더 놀랍지 않은가? 실수하는 것은 오히려 자연스럽지."

"그러면 소크라테스시여, 좋은 아내를 둔 남편들은 직접 자 ⅠⅤ

기 아내를 교육했습니까?”

"자네 스스로 알아보는 편이 가장 좋다네. 내가 아스파시아[19]를 자네에게 소개하겠네. 그녀는 나보다 더 전문적인 지식을 갖고서 내가 설명한 것들을 자네에게 보여줄 것이네. 나는 아내가 가정의 좋은 동반자로서 가산을 일구는 데 남편과 동등한 몫을 기여한다고 생각하네. 수입은 대체로 남편의 노고를 통해 가정에 들어오지만 지출은 대개 아내의 살림을 통해 빠져나가기 때문이지. 수입과 지출이 좋게 맞물려 돌아가면 가산이 증가하지만 나쁘게 맞물려 돌아가면 가산이 줄어든다네.

더불어, 가정 경영에 관한 다른 세세한 지식을 잘 아는 사람들을 자네에게 보여줄 수 있네. 자네가 필요하다면 말이네.”

---

19 아스파시아(Aspasia, 기원전 약 470-400년)는 소아시아 그리스 식민시 밀레토스 출신으로 아테네에 거류민으로 정착해 살면서 지식인으로 활동했다. 당시 아테네를 이끌었던 유명한 정치가 페리클레스(기원전 약 495-429년)는 첫 번째 부인과 이혼하고 '아스파시아'와 함께 살았고, 아스파시아스는 당시 아테나의 법에 따라 정식 결혼은 불가능했지만 사실상의 배우자로 인정받았다. 그녀는 당시 여성으로서는 드물게 높은 교육 수준과 지적 영향력을 가졌다. 뛰어난 수사학자이자 철학자였고, 소크라테스가 그녀를 스승으로 여겼다는 기록이 있다. 자신의 집에서 지식인들이 모이는 살롱을 운영했고 직접 수사학과 철학을 가르쳤다고 한다.

:
:
:

4장

농업 기술에 대하여

"소크라테스시여, 저에게 지식이 있는 사람을 모두 보여줄 필요 [1]
는 없습니다." 크리토불로스가 계속해서 말했다.

"모든 기술에 숙련된 일꾼을 구하기는 쉽지 않고, 모든 기술
을 숙련하는 것도 불가능하기 때문입니다. 지식 가운데서도 가
장 아름답게 여겨지고 저에게 가장 적합한 것을 알려주시되 그
런 지식을 실행하는 사람을 보여주십시오. 나아가 당신도 힘닿
는 데까지 그런 일을 가르쳐주시고 또한 저를 이끌어주시기 바
랍니다."

"자네 말이 맞다네, 크리토불로스." 소크라테스가 계속해서 [2]
말했다.

"수공업자[20]의 기술은 비판의 대상이 되며, 여러 도시에서도 명예롭지 못한 것으로 여겨진다네. 그런 기술은 일하는 자와 감독하는 자의 몸을 망치기 때문이네. 앉아 지내고 그늘에서 생활하도록 하며 어떤 경우에는 불 앞에서 종일 있어야 한다네. 그렇게 하여 신체가 사내다움을 잃으면 영혼은 훨씬 연약해지네.

3   그리고 수공업이라 불리는 기술에 힘쓰다 보면 친구와 국가를 함께 돌볼 만한 여가 시간이 부족해진다네. 그래서 수공업을 하는 사람들은 친구들과 교제하는 데 서툴 뿐 아니라, 국가의 수호자가 되기에도 적합하지 않네. 어떤 국가에서는, 특히 전쟁에 능하다고 여겨지는 국가에서는 어느 시민이든 수공업에 종사하는 것을 허용하지 않네."[21]

4   "그렇다면 소크라테스시여, 당신은 우리에게 어떤 기술들을 사용해야 한다고 조언하시는 것입니까?"

"페르시아인의 왕에게 배우기를 꺼릴 사람이 어디 있겠는

---

20 '수공업자'로 번역한 '바나우시코스'(βαναυσικός)는 '화덕, 용광로'를 뜻하는 '바우노스'(βαῦνος)에서 파생된 단어로, 직역하면 용광로 앞에서 일하는 자를 가리키지만, 일반적으로는 육체노동자를 의미한다. 기계적으로 육체노동을 하는 수공업자들은 고대 그리스에서 정신적 활동을 하는 자유민과 대비되어 천대를 받았다. 반면에 '수공예'로 번역되는 '케이로테크니아'(χειροτεχνία)는 예술적이고 기술적인 가치를 포함하는 중립적 또는 긍정적 뉘앙스를 지닌 단어로, 도기, 목공, 직조, 보석세공 등과 같이 장인 정신이나 공예적 솜씨를 강조할 때 사용되었다.

21 '라케다이몬' 또는 '스파르타'는 고대 그리스의 도시국가들 중에서 독특한 사회 구조와 군사 중심 문화로 유명했다. 스파르타의 시민들은 오직 군사 훈련을 받고 종군하는 일만 해야 했고, 그들이 국가로부터 할당받은 토지는 국가 노예들이 대신 경작했다. 또한 시민은 상업이나 수공업에 종사해서는 안 되었다.

가?” 소크라테스가 대답했다. “페르시아인들이 말하기를, 그들의 왕은 농업 기술과 전쟁 기술을 가장 아름답고 필요한 관심사라고 생각하여 둘 다 힘써 돌본다고 하네.”

이 말을 들은 크리토불로스가 말했다. “소크라테스시여, 당신은 페르시아인의 왕이 농업술과 전쟁술을 함께 돌본다는 것을 믿습니까?”

“크리토불로스, 페르시아인의 왕이 정말 농업도 돌보고 있는지 다음과 같이 살펴보는 것은 어떻겠는가.” 소크라테스가 대답했다. “페르시아인의 왕이 전쟁 업무를 힘써 돌본다는 것은 우리도 인정하네. 그 증거로 얼마나 많은 민족에게 공물을 받든지와는 무관하게 각 영토의 지배자에게 각기 명령을 내렸네. 기병과 궁수와 투석병과 방패병을 일정한 숫자로 유지하고 그들에게 양식을 제공함으로써 백성을 통제하고 적이 공격하더라도 지킬 수 있도록 말이네.

또한 페르시아인의 왕은 이런 군대들과는 별개로 성채에 수비대를 두고 유지하네. 그리고 각 영토의 지배자들은 왕의 명령에 따라 수비대 군사에게 식량을 내주고, 왕은 매년 용병과 중무장하도록 명령받은 그 외의 군사들에 대해서도 검열을 실시하네. 그렇게 성채의 군사를 제외한 모든 군사를 한 장소에 소집하는데 이 장소는 ‘집결지’라고 불리네. 페르시아인의 왕은 자신의 거주지 주변에 있는 군사는 친히 검열하고, 먼 지방에 있는 군사는 믿을 만한 사람을 보내 검열하게 하네.

7   그렇게 해서 왕은 지배자들, 즉 수비대장과 천인대장과 태수 중에서 각기 명령받은 군사의 수를 충분히 유지하고 군사를 우수한 말과 무기로 무장시킨 이들의 지위와 명예를 드높이고, 큰 재물을 하사하여 부유하게 만들어주네. 반면에 수비대 지휘를 소홀히 하거나 자기 이득을 챙기려는 지배자를 발견하면 그들을 가혹하게 벌함과 동시에 관직에서 물러나게 하고 다른 관리들을 그 자리에 임명하네. 이렇게 행동하는 것으로 보더라도 그가 전쟁 업무에 관심을 쏟고 있다는 것은 의심의 여지가 없네.

8   또한 왕은 자신이 직접 지나다니며 살필 수 있는 곳은 모두 감독하고 검사하며, 자신이 직접 살필 수 없는 곳은 믿을 만한 사람들을 보내 감독하게 하네. 그리고 어떤 지배자가 자신의 영토를 잘 다스려 땅이 사람으로 가득하고 토지가 잘 경작되며 나무에는 열매가 가득 열려 있는 것을 발견하면, 왕은 그 지배자에게 땅을 더 많이 내주고 큰 재물과 명예로운 직위를 내려 보상하네. 반면 어떤 지배자가 가혹하거나 오만하거나 무심한 탓에 땅이 경작되지 않고 인구도 줄어드는 것을 발견하면 왕은 그 지배자를 벌함과 동시에 관직에서 물러나게 하고 다른 지배자를 그 자리에 임명하네.

9   페르시아인의 왕이 이런 일을 한다는 것이 자네에게는 어떻게 보이는가? 왕이 땅을 비옥하게 경작하는 데는 관심이 덜하고, 수비대로 하여금 방비하게 하는 데 더 관심이 있다고 보는가? 게다가 왕은 같은 관리에게 두 가지 일을 일임하지 않네. 두 명의

　　　　　　　　　　　　　　　　

관리를 두어서 어떤 이에게는 주민과 일꾼을 다스려서 세금을 거두도록 시키고, 어떤 이에게는 무장한 군사와 수비대를 다스리도록 한다네.

만약 수비대장이 자기 영토를 제대로 방비하지 못하면, 주 10 민들을 다스리고 농업을 담당하는 관리는 그 영토에 대한 방어가 부실해서 농사를 지을 수 없다고 주장하며 수비대장을 고발하네. 반대로 수비대장이 주민들로 하여금 평화롭게 농사를 짓게 해주었는데도 관리가 다스리는 곳의 인구가 적고 그 땅이 경작되지 않는 경우에는 수비대장이 관리를 고발하네. 어떤 영토 11 의 주민들이 땅을 제대로 경작하지 못해서 곡물을 충분히 생산하지 못하면 수비대를 먹여 살릴 수도 없고, 세금도 낼 수 없기 때문이네. 그리고 태수가 임명된 곳에서는 이 두 가지 일을 태수가 모두 관리하네."

이것들에 대해 크리토불로스가 말했다. "소크라테스시여, 만 12 약 페르시아인의 왕이 이런 일들을 한다면 제게는 그가 전쟁 못지 않게 농업에도 관심을 쏟는 것으로 보입니다."

"그뿐이 아니네." 소크라테스가 말했다. "페르시아인의 왕은 13 자신이 거주하는 모든 영토와 방문하는 모든 지역에 수목원[22]이

---

22 '수목원'으로 번역한 '파라데이소스'($\pi\alpha\rho\dot{\alpha}\delta\epsilon\iota\sigma\sigma\varsigma$)는 페르시아어에서 유래한 단어로, 원래 페르시아 왕실의 정원을 의미했다. 키루스의 파라데이소스는 나무와 과일, 사냥감이 있는 왕실 수목원이었다. 성경에서 에덴동산을 이 단어로 번역하면서 '낙원'이라는 종교적 의미를 얻었고, 현대 영어에서 'paradise'의 어원이 되었다.

라 불리는 정원을 만들어서, 그곳을 가능한 한 아름답고 좋은 것
들로 가득 채워서 좋은 계절에는 대부분의 시간을 거기서 보낸
다네."

14   "제우스께 맹세하건대 소크라테스시여, 페르시아아인의 왕이
그 수목원에 머물며 시간을 보낸다면 나무들을 비롯하여 땅에서
나는 가장 아름다운 것들로 그곳을 가능한 한 아름답게 꾸며야
합니다."[23] 크리토불로스가 말했다.

15   "크리토불로스여, 어떤 사람들은 이렇게 말하네." 소크라테
스가 말했다. "페르시아아인의 왕은 선물을 주고자 할 때는 가장
먼저 전쟁에서 용맹을 떨친 사람들을 초대한다고. 아무리 많은
땅을 경작한다고 해도 그 땅을 수호하는 사람들이 없다면 소용
없기 때문이네. 그리고 농사짓는 사람들이 없다면 용맹한 전사
들도 살 수 없다고 말하면서 그 다음으로는 땅을 가장 잘 가꾸어
서 많은 곡물을 생산해내는 사람들을 초대한다고 하네.

16   명망 있는 왕이었던 키루스[24]는 언젠가 포상을 받으러 온 사
람들 앞에서 이렇게 말했다네. 자신이야말로 땅을 잘 가꿀 뿐 아

---

23 크리스토불로스의 말은 진정한 통치자라면 자신이 머무는 곳을 가장 아름답게 가꾸
는 것이 당연하다는 고전적인 이상을 반영한 말이다.

24 여기에 언급된 '키루스'(기원전 600-530년)는 아카이메니다이 왕조의 페르시아 제국
을 건설한 키루스 대왕이다. 당시 메디아 제국의 속국이었던 안샨 왕국이라는 작은
나라의 왕자였던 그는 바빌로니아, 리디아, 메디아 등을 정복하여 거대한 제국을 건
설했다. 크세노폰은 기원후 약 370-355년 사이에 키루스의 일대기라고 할 수 있는
『키루스의 교육』을 썼다.

니라 땅을 지키는 데도 뛰어나기 때문에 두 방면에서 마땅히 선물을 받을 사람이라고 말이네."

"소크라테스시여, 만약 키루스가 그런 말을 했다면, 그는 자신이 전쟁에 능한 것 못지않게, 땅을 비옥하게 하고 경작하는 것을 자랑스러워했다는 말이군요." 크리토불로스가 말했다.

"제우스께 맹세하건대 만약 키루스가 지금 살아 있다면 그는 가장 뛰어난 통치자가 되었을 것이네." 소크라테스가 말했다. "이를 뒷받침할 증거는 많지만 대표적인 한 가지만 보여주겠네. 키루스가 왕권을 놓고 자신의 형제에 맞서 진격했을 때 그의 진영에 있던 군사 중에서는 탈영하여 왕에게로 간 사람이 한 명도 없었던 반면 왕의 진영에 있던 군사 중에는 수만 명이 탈영해서 키루스에게 왔다는 것이네.[25]

나는 사람들이 자발적으로 복종하고, 위험한 상황에서도 기꺼이 함께하기를 원하는 것이야말로 통치자의 탁월함을 보여주는 큰 증거라고 보네. 키루스의 친구들은 그가 살아 있을 때는 함께 싸웠고, 그가 죽었을 때는 그의 시신을 에워싸고 항전하다

<hr>

25 여기서 언급된 '키루스'(기원전 424~401년)는 맥락상 페르시아 제국 제6대 왕 다리오스 2세의 차남인 소(小)키루스를 가리킨다. 그는 소아시아의 태수로 재직하다가, 장남으로 왕위를 계승한 아르타크세르크세스 2세(기원전 405~359년)에 맞서 반기를 들었다. 소키루스는 막대한 재력과 군사력을 바탕으로 그리스에서 1만 명의 용병을 고용했으며, 크세노폰 역시 이 용병군의 일원으로 참전했다. 그러나 키루스가 전투에서 패배한 뒤, 크세노폰은 그리스인 용병 1만 명을 이끌고 귀환했고, 이 과정은 훗날 『아나바시스』에서 상세히 서술되었다.

가 함께 죽었네. 왼쪽 날개에 배치되었던 아리아이오스를 제외하고는 말이네.[26]

20   리산드로스[27]가 메가라에서 어떤 이방인에게 설명한 바에 따르면 그가 동맹군들로부터 온 선물들을 키루스에게 가져다 주러 갔을 때 키루스는 여러모로 친절하게 대했고 사르데이스에 있는 정원도 그에게 보여주었다고 하네.[28]

21   정원의 나무는 아름답게 가꿔져 있었고, 서로 일정한 거리를 유지한 채 일렬로 곧게 줄지어 서 있었고, 모든 것이 적절한 각도를 이루고 있었으며, 거닐 때마다 달콤한 향기가 풍겨왔다

----

26 이것은 기원전 401년에 바빌론 북쪽 약 70킬로미터 지점에서 벌어진 쿠낙사 전투에 대한 묘사다. 소키루스의 군대는 그리스인 용병 약 13,000명을 포함해서 10만 명으로 추정되고, 아르타크세르크세스 2세의 군대는 불사부대 1만 명을 포함해서 수십만 명이었을 것으로 추정된다. 그런데도 소키루스의 군대가 우세했지만 소키루스의 전사로 인해 이 반란은 실패로 끝나고 만다. 아리아이오스는 페르시아 귀족이자 페르시아 기병대 총사령관으로 소키루스의 최측근 장군이었다. 전투 후 그리스 용병대와 만나 서로 배신하지 않기로 약속하고 안전히 귀환을 돕겠다고 했으나 이후 약속을 저버린다.

27 '리산드로스'(기원전 약 455-395년)는 스파르타의 불완전한 시민권을 가진 인물로, 스파르타의 군사 지도자이자 정치가였다. 그는 펠로폰네소스 전쟁 말기에 아이고스포타모이 해전(기원전 405년)에서 아테네 함대를 결정적으로 격파했고, 기원전 404년에는 아테네를 함락시키고 항복을 받아낸 후 30인 참주정을 수립했으며, 페르시아의 왕자 키루스 및 태수들과 긴밀한 관계를 구축했다.

28 '메가라'는 아테네가 있는 아티케 지방과 펠로폰네소스 입구인 코린토스 지협 중간 지점에 있던 지방이자 도시국가로, 펠로폰네소스 동맹의 일원으로 아테네와 대립했다. '사르데이스'는 소아시아 리디아 왕국의 수도로, 고대 세계의 최고의 부자였던 크로이소스왕을 비롯한 리디아 왕들의 통치 중심지였고 기원전 547년에 페르시아의 키루스왕에 의해 정복된 후에는 속주의 주도로 사용되었다.

   제1부 가정 경영론

네. 리산드로스는 정원을 거닐다가 감탄을 금치 못하며 말했네.
'키루스시여, 저는 이 모든 아름다움에 감탄하면서도 이 각각을
측량하고 배치한 당신이 더욱 존경스럽습니다.' 키루스는 이 말 22
을 듣고 기뻐하며, '리산드로스여, 이 모든 것을 내가 측량하고
배치했으며 그중에는 내가 직접 심은 것도 있습니다'라고 말했
다고 하네.

리산드로스는 키루스를 바라보았고, 그의 옷에서 느껴지는 23
아름다움과 향기로움, 목걸이와 팔찌를 비롯한 여타 장신구들의
아름다움을 보고 이렇게 물었다고 하네.

'키루스시여, 그것이 무슨 말입니까? 당신이 손수 심었다는
말씀입니까?'

키루스는 이렇게 대답했다고 하네. '리산드로스여, 그것이 24
놀랄 일입니까? 미트라스[29]께 맹세하건대 건강할 때는 그것이 전
쟁 훈련이 되었든 농사일이 되었든 무언가 한 가지는 힘써 노력
한 뒤에야 식사를 합니다.'

리산드로스는 이 말을 듣고, 오른손을 내밀어 키루스에게 25
경의를 표하며 말했다고 하네. '키루스시여, 저는 당신이야말로

---

29 미트라스(Μιθρας)는 조로아스터교의 주요 신적 존재로, 계약, 서약을 관장하는 태양
신이다. 조로아스터교의 최고신 '아후라 마즈다' 다음으로 중요한 신으로 숭배되었
으며 특히 페르시아 제국 시대 왕실과 귀족 사회에서 핵심적 지위를 차지했다. '신에
게 맹세하건대'라고 하지 않고 구체적인 신의 이름을 언급한 것은 이 표현이 단순한
관용구가 아니었음을 추측하게 한다. 페르시아 최고 귀족으로서 소키루스가 가장
신성하고 엄숙한 방식으로 사실을 맹세하고 있다는 것을 보여준다.

참으로 행복한 사람이라고 생각합니다. 당신은 좋은 사람이기에,
그로 인해 행복한 분이기 때문입니다.'"

5장

농업의 유익함에 대하여

소크라테스는 계속해서 말했다. "크리토불로스, 내가 이런 이야 I
기를 하는 이유는, 아무리 복된 자들도 농업을 멀리할 수 없기
때문이네. 농업을 돌본다는 것은 즐거움인 동시에 가산을 불리
는 행위이자 신체를 단련하는 행위이기도 하네. 이런 것들로 말
미암아 자유민 남성들은 자신에게 걸맞은 활동을 할 수 있다네.[30]

30　'자유민 남성'(ἀνήρ ἐλεύθερος)이란 도시국가에서 법적 자유 신분을 지닌 성인 남성을
　　일컬으며, 노예, 외국인, 여성과 구별된다. 정치 참여권과 토지 소유권을 지닌 시민
　　계층이다. 크세노폰은 자유민에게 '걸맞은 활동'으로 군사술, 정치, 사냥, 농업을 제
　　시하며, 이를 수공업과 대비시킨다. 4장의 소키루스 사례에서도 보듯, 농업은 자유
　　민이 직접 참여해도 명예를 손상시키지 않는 고귀한 노동으로 간주되었다.

2   먼저, 땅은 일하는 사람들에게 살아가는 데 필요한 것들을

3   내어주고, 사람들이 즐기는 것들도 공급해주네. 다음으로 제단과
신상에 쓰이는 장식물과 사람들이 자신을 꾸미는 치장물도 내어
준다네. 그것도 달콤한 향기와 구경거리와 함께 말이네. 그 다음
으로 땅은 음식이 될 만한 작물을 절로 자라게 하거나 사람들이
직접 기르도록 하네. 양치기 기술 또한 농업과 떼려야 뗄 수 없
지. 양은 제물로 바쳐서 신을 기쁘게 할 뿐 아니라 그 자체로도
사람들에게 유용하네.

4   이렇듯 땅은 좋은 것들을 헤아릴 수 없이 공급해주지만 아
무런 수고도 없이 그것들을 얻어가도록 하지는 않네. 도리어 겨
울의 추위와 여름의 더위를 견디는 데 익숙해지게 하지. 손으로
직접 일하는 사람들을 단련시켜서 힘을 길러주고 농업을 감독하
는 사람들을 남자답게 만들어 아침 일찍 일어나게 하고 활발하
게 움직이게 하네. 시골에서든 도시에서든 제때 해야만 하는 중
요한 일들은 항상 생기기 마련이지.

5   만약 누군가 기병이 되어 나라를 지키려고 할 때도 농업은
말을 기르기에 가장 적합한 여건을 제공하고 보병이 되어 나라
를 지키려고 할 때도 몸을 강하게 단련시켜주네. 또한 사냥에 적
합한 환경을 마련하지. 개들에게 먹일 농작물을 줄 뿐 아니라 야
생동물에게 살아갈 터전을 내어주네.

6   이렇게 말과 개는 농업을 통해 먹이를 얻는 만큼 농업에 다
시 보탬을 주네. 말은 농장 주인을 새벽에 일터로 데려다주고 해

질 녘까지 머물 수 있게 해주며 개는 짐승으로부터 곡식과 양을 지킬 뿐 아니라 외딴 농장에서도 안전하게 있게 해주네.

또한 땅은 농부들이 무기를 들고 싸우도록 독려하네. 농작 7
물은 사방이 트인 땅에서 재배되는 까닭에 군사로 지키지 않으면 힘 있는 자가 가져가기 때문이네.

달리고 던지고 뛰는 능력을 기르는 데 농업만 한 기술이 어 8
디 있는가? 농업만큼 일하는 사람에게 더 많이 보답하는 기술이 있는가? 농업만큼 돌보는 사람을 즐겁게 맞이할 뿐 아니라 다가오는 사람에게 필요한 것들을 내어주는 기술이 있는가?

따뜻한 불길 앞에서 더운물로 목욕을 즐기며 겨울을 보내기 9
에 시골 농가보다 더 편안한 곳은 없네. 물을 곁에 두고 그늘 아래서 바람을 맞으며 즐겁게 여름을 보낼 만한 곳이 농가 말고 어디 있겠는가?

신에게 첫 수확물을 바치거나 풍성한 제전을 치르게 해주는 10
데 농업술만 한 것이 있겠는가? 농업처럼 노예들이 친근하게 여길 뿐 아니라 아내를 기쁘게 해주며 자녀들에게는 그리움을 불러일으키고 친구들에게는 만족스러움을 주는 것이 있겠는가?

무엇을 소유한다고 한들 이보다 더 즐겁지 않고 무엇을 돌 11
본다고 한들 이보다 즐겁지 않네. 농업보다 삶에 유익한 것이 있다면 그야말로 놀라운 일이네.

더욱이 땅은 신이므로 기꺼이 배우고자 하는 사람에게 정 12

의[31]를 가르쳐 주네. 땅은 자신을 가장 잘 돌보는 사람에게 가장 좋은 것을 많이 주기 때문이네.

13   만일 적이 쳐들어와 농업으로 단련된 사람들이 농사를 못 짓게 되었다고 생각해보게. 그들의 몸과 마음이 강건하므로 신의 가호 아래 오히려 적의 땅으로 가서 식량을 가져올 것이네. 전쟁터에서는 쟁기보다 칼로 양식을 얻는 편이 더 안전하기 때문이네.

14   더욱이 농업은 사람들이 서로 돕도록 하지. 적들에 맞서 싸우기 위해서는 여러 사람이 함께 해야 하는데, 땅을 경작하는 일도 여러 사람이 함께 하기 때문이네.

15   그러므로 농사를 잘 지으려는 사람은 일꾼을 잘 부려서 그들이 열정적으로 임하고 명령에 복종하도록 준비시켜야 하네. 적을 상대로 군사를 이끄는 사람도 마찬가지네. 바람직하게 행동하는 사람에게는 상을 주고 규율을 어기는 사람에게는 벌을 주어야 하네.

16   또한 장군이 군사들을 자주 격려해야 하듯이 농부도 자주 일꾼들을 격려해야 하네. 그리고 노예들이 주인 곁에 머물도록 하려면 노예들에게도 자유민들에게 주는 것 못지않은 희망을 줘

---

31 '정의'로 번역한 '디카이오쉬네'(δικαιοσύνη)는 단순한 법적 정의를 넘어 '올바름', '공정성'을 포괄하는 개념이다. 여기서 신으로서 땅은 잘 돌보는 자에게 풍작으로 보답하므로 속임수 없는 투명한 상응 관계를 보여준다. 이를 통해 농업이 올바른 행위의 원리를 가르쳐준다는 것이 크세노폰의 주장이다.

야 하며 오히려 더 많이 줘야 하네.

농업이란 다른 모든 기술의 어머니이자 유모라는 말이 있 17
네. 진정 옳은 말이네. 농업이 잘되면 다른 모든 기술도 융성하지
만 땅이 경작되지 않고 버려져 있는 곳에서는 뭍이건 바다건 가
릴 것 없이 모든 기술이 쇠하기 때문이네."

이 말을 들은 크리토불로스가 말했다. "소크라테스시여, 저 18
는 당신이 하신 말씀이 모두 옳다고 생각합니다. 하지만 농업에
관한 일은 대체로 사람이 예견하기가 불가능합니다. 어떤 때는
우박이나 서리가 내린 탓에, 또 어떤 때는 가뭄이나 심한 폭우와
식물의 마름병 탓에 미리 계획되고 실행된 농사를 망치기도 하
기 때문입니다. 그리고 어떤 때는 잘 길러 놓은 양들을 병으로
잃는 최악의 상황도 벌어집니다."

이것을 들은 소크라테스가 말했다. "크리토불로스, 신은 전 19
쟁의 일 못지않게 농업의 일도 주관한다는 사실을 자네도 알고
있지 않은가. 전쟁에 나가는 사람들은 전투에 앞서 신에게 공물
을 바치고 점을 쳐서 무엇을 해야 하고 무엇을 피해야 하는지를
신에게 묻는다는 것을 자네도 알 것이네.

농업에 임할 때는 신에게 기도할 필요가 없다고 생각하는 20
가? 그렇지 않네. 현명한 사람들은 수분이 많은 작물과 적은 작
물 그리고 소와 말과 양은 물론이고 사실상 자신의 모든 소유물
을 위해 신을 섬긴다는 것을 자네도 알아두어야 하네."

6장

아름답고 좋은 사람, 이스코마코스

1 크리토불로스가 말했다. "소크라테스여, 당신이 말하는 바가 무척 합당하다고 저는 생각합니다. 신과 함께 모든 일을 시작해야 한다고 일깨워준 것 말입니다. 신들은 평화의 일과 전쟁의 일을 동등하게 주재하시기 때문입니다. 그러니 우리는 그리 하도록 힘쓸 것입니다. 이제 당신이 가정 경영에 관해 말씀하시다가 중단한 부분부터 계속해서 설명해주셨으면 합니다. 소크라테스시여, 당신의 말씀을 들은 것만으로도 저는 어떻게 살아가야 할지 이전보다 명확히 알게 되었습니다."

2 "그렇다면 앞서 우리가 합의한 것들을 되짚어보는 게 어떠한가?" 소크라테스가 말했다. "그렇게 해서 앞으로 논할 주제도

똑같은 방식으로 합의할 수 있을 것이네."

크리토불로스가 대답했다. "재산을 공유한 사람들이 서로 3
합의에 바탕하여 이론의 여지 없이 재산을 관리하는 것처럼 우
리의 대화도 합의한 바에 따라 진행한다면 모쪼록 즐거울 것입
니다."

"우리가 서로 동의한 바에 대해 말해보겠네." 소크라테스가 4
말했다. "우리는 가정 경영이 어떤 지식을 일컫는 명칭이라는 데
동의하였네. 그리고 사람들은 이 지식을 통해 가산을 늘리네. 여
기서 가산이란 어떤 사람의 소유물 전체와 같으며 이 소유물은
각자 삶에서 이로운 것이라네. 또한 이롭다는 것은, 어떤 사람이
그것을 어떻게 사용하는지 알고 있는 모든 것임이 밝혀졌지.

한편 모든 지식을 다 배우는 것은 우리에게 불가능하고, 국 5
가는 이른바 수공업이라 불리는 기술을 배척한다는 데에도 우리
는 동의했네. 수공업 기술은 우리 몸을 해치고 영혼을 좀먹기 때
문이네.

우리는 이를 보여줄 명확한 증거가 있다는 데 동의했네. 만 6
약 적들이 국가에 침입해 올 때, 누군가가 농부와 기술자를 따로
앉혀 놓고 각각의 무리에게 땅을 지킬 것인지 아니면 땅을 포기
하고 성벽을 지킬 것인지 묻는다면 땅을 딛고 살아가는 농부들 7
은 지키려고 하겠지만 기술자들은 싸우기를 꺼릴 것이라고 우리
는 생각한다네. 기술자들은 교육받은 대로 앉아 있으려고 하고
아무런 수고나 위험도 감수하지 않으리라는 것이지.

8   그리하여 아름답고 좋은 남자에게 걸맞은 가장 훌륭한 일
과 지식은 농업이며, 사람들은 농업에서 필요한 것을 얻어간다

9   는 데 우리는 동의했네. 농업은 배우기 가장 쉽고 일하기 가장
즐거우며, 신체를 가장 아름답고 건강하게 만들 뿐만 아니라 친
구와 국가를 함께 돌보는 데에도 아무런 방해가 되지 않기 때문
이라네.

10   더욱이 농업은 용기를 북돋는 데도 어느 정도 도움이 되네.
성벽 밖으로 나가서 필요한 작물을 길러내고 농부를 단련시키기
때문이지. 이런 이유로 국가에서는 농업에 종사하는 것을 가장
명예롭게 여기네. 바로 농업을 통해 공동체에서 가장 훌륭하고
충성스러운 시민이 길러진다고 보기 때문이네."

11   그러자 크리토불로스가 말했다. "소크라테스시여, 저는 이
제 충분히 이해하였습니다. 농업이 우리 삶을 가장 아름답고 훌
륭하게 하고 가장 즐겁게 한다는 것을 말입니다. 그런데 농업에
서 필요한 것들을 풍족하게 얻어가는 사람이 있는 반면에 아무
런 이득도 얻지 못하는 사람들이 있는데, 당신은 이 양쪽 사람을
두고 그 이유를 알게 되었다고 말씀하셨습니다. 그러니 그 원인
을 기꺼이 들려주신다면, 우리는 좋은 점은 행하고 나쁜 점은 피
하게 될 것입니다."

12   "그렇다면 크리토불로스여, 내가 일전에 한 남자를 만나서
나눴던 대화를 자네에게 처음부터 얘기해준다면 어떠한가? 그는
정말이지 아름답고 좋은 남자라는 이름이 꼭 어울리는 남자였

네.” 소크라테스가 말했다.

“저는 그 대화 내용을 정말 듣고 싶습니다.” 크리토불로스가 대답했다. “저 자신도 마땅히 그런 이름으로 불리기를 열망하기 때문입니다.”

“그렇다면 내가 이제부터 자네에게 말해주겠네.” 소크라테스가 말했다. “내가 무슨 이유로 그 사람에게 시간을 들여 관찰하고 조사하였는지[32] 말이네. 훌륭한 목수나 대장장이 그리고 뛰어난 화가나 조각가 같은 전문가의 기예가 얼마나 대단한지 알기 위해서는 그들이 만들었다고 하는 훌륭한 작품을 살펴보기만 해도 금세 알 수 있네.

그런데 나는 ‘아름답고 좋은 사람’이라는 이 고귀한 이름으로 불리기에 마땅한 사람들을 살펴보고, 그들이 과연 무엇을 하였기에 그런 이름으로 불리게 되었는지를 알고 싶었네. 그러고 나서 내 영혼은 그들과 단 한 번이라도 만나기를 간절하게 열망하였지.

먼저, ‘아름다운’이라는 단어가 ‘좋은’이라는 단어와 결합되어 있기 때문에 처음에 나는 외모가 아름다운 사람만 보면 다가

---

32 ‘시간을 들여 관찰하고 조사하는 것’은 ‘스켑시스’(σκέψις)라는 한 단어를 풀어서 번역한 것이다. ‘스켑시스’는 ‘관찰, 조사, 숙고, 탐구’의 뜻을 지닌 단어로, 사실이나 진리를 찾기 위해 어떤 대상을 주의깊게 관찰하고 조사하며 따져보고 깊이 고민하는 것을 가리킨다. 이것은 어떤 것을 당연한 것으로 받아들이지 않고, 진리나 진실에 도달하기 위해 끊임없이 탐구하는 태도를 의미한다. 헬레니즘 시대에는 ‘의심하고 판단을 유보하는 태도’를 지향하는 회의주의 철학을 일컫는 데도 사용되었다.

가서 알아보고자 했네.[33] 아름다움에 좋은 것이 결합되어 있는지를 확인하려고 말이네.

16   하지만 그런 결합은 찾을 수 없었네. 오히려 나는 외모가 아름다운 사람들 중 몇몇은 아주 비열한 영혼을 가졌다는 것을 알았네. 그래서 나는 아름다운 외모를 지니고 있지 않더라도 아름답고 좋은 사람이라고 불리기에 합당한 사람들을 찾아 나서야겠다고 생각했네.

17   나는 이스코마코스[34]가 남녀는 물론이고 이방인과 시민을 가리지 않고 모두에게 아름답고 좋은 사람으로 불린다고 들었기에 한번 만나 보아야겠다고 생각했네."

---

33 소크라테스는 '아름다운'을 의미하는 '칼로스'가 '좋은'을 의미하는 '아가토스'와 결합되어 있다는 언어적 사실에서 출발하여('칼로카가티아'는 1장 23절 참조), 외모가 아름다운 사람에게서 영혼의 선함이 결합되어 있는지 경험적으로 확인하고자 했다. 여기서 우리는 추상적 개념을 구체적으로 검증하려는 소크라테스의 태도를 확인할 수 있다.

34 '이스코마코스'는 기원전 5세기 아테네의 귀족이자 지주로, 이상적인 지주이자 가정 경영의 모범적인 인물로 묘사된다. 이후 제2부와 제3부는 소크라테스와 이스코마코스의 대화로만 채워진다. 이스코마코스는 '아름답고 좋은' 인간을 의미하는 '칼로카가티아'를 대표하며 사실상 크세노폰이 지향했던 이상적인 자아상을 보여준다.

제2부

가정 내부 관리론

7장

아내 교육에 대하여

한번은 그가 제우스 엘레우테리오스 신전의 회랑[35]에 앉아 있는 I
것을 보았네. 마침 여가 시간을 보내는 듯해서 나는 그에게 다가
가 옆에 앉으며 말했네.

"좀처럼 한가한 시간을 보내지 않는 당신이 웬일로 여기 앉
아 계십니까? 광장에서 뵐 때면 늘 무언가에 열중하고 계셔서,

---

[35] '제우스 엘레우테리오스'는 '자유의 제우스' 또는 '해방자 제우스'라는 뜻으로, 기원전
5세기 중반에 아테네 광장 중심에 건립된 이 신전은 아테네 민주주의와 자유를 상징
했고 정치 집회 장소로도 사용되었다. '회랑'으로 번역한 '스토아'($\sigma \tau o \acute{\alpha}$)는 지붕이 있
고, 한쪽 또는 양쪽이 열려 있으며, 한쪽 또는 양쪽에 기둥들이 늘어서 있는 긴 복도
식 공간으로 주로 시장, 광장, 신전 주변, 공공장소 등에 세워졌다.

이렇게 여유를 부리는 모습은 거의 본 적이 없는데 말입니다."

2 　이스코마코스가 대답했네. "소크라테스여, 나는 여기서 어떤 이방인들을 기다리기로 약속했습니다. 아니었다면 당신은 저를 여기서 만나지 못했을 테지요."

"신들에게 맹세하건대 당신은 약속이 없을 때는 어디에서 시간을 보내고 무엇을 합니까?" 내가 말했네. "당신이 무엇을 하였기에 아름답고 좋은 사람이라고 불리는지 정말 궁금할 따름입니다. 당신의 몸 상태를 보아하니 집 안에 틀어박혀 지내는 것 같지는 않은데 말입니다."

3 　그러자 이스코마코스는 '무엇을 하였기에 아름답고 좋은 사람이라고 불리는 것이냐'는 나의 질문에 웃었고, 내가 보기에는 기뻐하는 것 같았네. 그리고 그는 말했네. "사람들이 나를 두고 얘기할 때 그런 이름으로 부르는지는 모르겠습니다. 하지만 분명한 사실은 삼단노선을 건조하거나[36] 합창대를 후원하는 공적 의무를 피하려고 재산 교환 소송[37]을 제기할 때는 아무도 저를 아름답고 좋은 사람이라 부르지 않더군요. 오히려 제 아버지에게 물려받은 이름인 이스코마코스라고 부릅니다. 그리고 소크라

---

36 '트리에라르키아'(τριηραρχία)는 고대 아테네 등에서 군함인 삼단노선을 건조하거나 그 장비와 운용의 모든 비용을 책임지는 공적 의무를 가리킨다. 아테네의 부유한 시민은 국가를 대신하여 직접 자신의 비용으로 삼단노선을 건조하고 필요한 장비를 유지하고 운영하는 역할을 맡았다. 또 다른 대표적인 공적 의무는 국가적인 제전에서 공연할 '합창대'의 후원자가 되어 모든 비용을 대고 감독하는 것이었다.

테스여, 당신의 질문에 대답하자면 나는 집 안에서 시간을 보내
지 않습니다. 집 안의 일은 내 아내가 혼자 충분히 관리할 수 있
기 때문입니다."

"이스코마코스여, 나는 그것에 대해서도 당신에게서 기꺼이 4
듣고자 합니다." 내가 말했네. "당신이 직접 아내를 가르쳐서 집
안일을 능숙하게 처리하게 된 것입니까 아니면 그녀가 자신의
아버지와 어머니에게 이미 배운 상태에서 아내로 맞아들인 것입
니까?"

"소크라테스여, 아내가 대관절 무엇을 알고 있었겠습니까?" 5
이스코마코스가 대답했네. "그녀가 내게 왔을 때는 채 열다섯 살
도 되지 않은 나이였고 이전까지 부모의 보살핌을 받으며 자랐
기에 세상 물정을 가능한 한 적게 보고, 적게 듣고, 적게 묻도록
교육받았겠지요.

다만 아내는 양모를 받아 옷을 짓는 방법을 알고 있었고, 또 6
어떻게 하녀들에게 실 잣는 일을 맡기는지 정도만 아는 상태였
습니다. 당신은 그것만으로도 충분하다고 생각하지 않습니까?
하지만 소크라테스여, 식욕을 절제하는 법에 대해서만큼은 훌륭

‖‖‖‖‖‖‖‖

37 고대 아테네의 '안티도시스'(ἀντίδοσις)라고 하는 재산 교환 소송이다. 앞서 언급했듯
    아테네에서는 부유한 시민에게 삼단노선의 건조나 합창대 후원 등의 공적 비용을
    부담시켰다. 대부분은 기꺼이 비용을 부담함으로써 자신이 유력 인사임을 알렸다.
    그러나 스스로 부유하지 않다고 생각하는 사람은 불복할 수 있었다. 이때 자신보다
    더 부유하다고 생각하는 다른 시민을 지목하여 '당신이 대신 부담하든지 아니면 우
    리 재산을 서로 바꾸든지 하자'라고 할 수 있는 법적 절차가 열려 있었다.

하게 교육받고 왔더군요. 나는 남자든 여자든 욕망을 다스리는 그 태도가 가장 중요하다고 생각합니다."[38]

7   "그렇다면 이스코마코스여, 다른 일들에 대해서는 당신이 아내를 직접 교육했습니까?" 내가 말했네. "그녀가 마땅히 해야 할 일을 충분히 돌보도록 말입니다."

   "제우스께 맹세하건대 먼저 신들에게 제물을 바치고 기원을 올린 뒤에 그렇게 하였습니다." 이스코마코스가 대답했네. "제가 아내를 잘 가르치고, 또 아내가 가장 유익한 것을 배울 수 있게 해달라고 기원했습니다."

8   "그렇다면 당신의 아내도 당신과 함께 신들에게 제물을 바치고 당신과 함께 기원했습니까?"

   "물론입니다." 이스코마코스가 대답했네. "그녀는 자신이 마땅히 되어야 할 사람이 되겠다고 신들에게 굳게 약속했고, 배운 것을 소홀히 하지 않겠다고 분명히 말했습니다."

9   "신들에게 맹세하건대 이스코마코스여, 당신이 그녀에게 무엇을 먼저 가르쳤는지 나에게 이야기해주십시오. 그렇게 하신다면 당신에게서 훌륭한 육상 경기나 승마 경기 이야기를 듣는 것

---

38   고대 그리스에서 자제력은 핵심 덕목이었고 식욕 절제는 그 실천의 한 예였다. 과식하지 않고 절제하는 습관은 신중함을 상징하는 것으로, 남녀 모두에게 중요한 기본 덕목이었다. 이 책에서 '절제'로 번역한 '소프로쉬네'(σωφροσύνη)는 자신의 욕망과 감정을 이성으로 통제하는 능력을 의미한다. 플라톤은『국가』에서 '절제'를 4대 덕목(지혜, 용기, 절제, 정의) 중 하나로 언급한다.

                     제2부 가정 내부 관리론

보다는 훨씬 즐거울 테지요."

"기꺼이 이야기해 드리지요, 소크라테스여." 이스코마코스가 10
말했네. "아내가 나를 어려워하지 않고 편안하게 대화를 나눌 수
있게 되었을 때 나는 이렇게 물었습니다. '여보, 내가 왜 당신을
아내로 맞이했고, 당신의 부모님은 왜 당신을 내게 시집보냈는
지 그 깊은 뜻을 알고 있소?

서로 동침할 상대를 찾으려고 결혼하지는 않았다는 것은 당 11
신도 그렇고 나도 분명히 알고 있소. 나는 나 자신을 위해, 또 당
신의 부모님은 당신을 위해 숙고했소. 우리는 가정을 이루고 자
녀를 기르기 위해 가장 좋은 동반자로 누구를 맞아들일지 숙고
했다오. 그렇게 나는 당신을 선택했고 당신의 부모님은 아마도
여러 사윗감 중에서 나를 선택했소.

그러므로 만약 신이 언젠가 우리에게 자녀들을 보내주신다 12
면 그때 우리는 자녀들을 가능한 한 잘 교육할 방법을 숙고해야
하오. 이것은 우리 공동의 이익이 될 것이오. 훌륭한 동맹자이자
노후의 든든한 부양자를 얻는 것이기 때문이오.

그리고 지금 우리의 가산은 공동 소유요. 나는 내가 가진 모 13
든 것을 우리의 공동 소유로 내놓았고 당신도 시집올 때 가져온
모든 것을 우리의 공동 소유로 내놓았기 때문이오. 우리 중 누가
금전적으로 더 많이 가져왔는지 따질 필요는 없소. 그보다 우리
중 누가 더 훌륭한 동반자가 되느냐, 바로 그 사람이 더 값진 것
을 기여한 셈이라는 사실을 기억해야 하오.'

14 소크라테스여, 이에 대해 내 아내는 내게 이렇게 말했습니다. '제가 당신을 어떻게 도울 수 있을까요? 제가 가진 능력은 무엇인가요? 모든 일은 당신에게 달려 있어요. 어머니께서는 제가 현명하게 처신해야 한다고 말씀하셨어요.'

15 '제우스께 맹세하건대, 그렇소, 여보. 내 아버지도 그렇게 말씀하셨소.' 내가 말했습니다. '그런데 남자든 여자든 정말 현명한 사람이라면 현재 가진 것을 최상의 상태로 지키면서 정당하고 떳떳한 방법으로 재산을 더 늘려가야 하는 법이오.'

16 그러자 아내가 물었습니다. '그렇다면 당신은 제가 무엇을 해야 우리가 함께 가산을 늘릴 수 있다고 보십니까?'

'제우스께 맹세하건대 당신은 신들께서 당신이 태어난 순간부터 하도록 허용한 것들 그리고 법이 허락하는 것들을 잘 수행하려고 최선을 다하면 되오.'

17 그녀가 말했습니다. '정확히 어떤 것인가요?'

내가 대답했습니다. '내가 보기에 그것들은 결코 사소한 일이 아니오. 여왕벌이 벌집에서 사소한 일을 한다고 말할 수 없는 것과 마찬가지라오.

18 여보, 내가 보기에 신들은 대단히 신중하게 여자와 남자라는 한 쌍을 맺어주셨고, 두 사람이 공동체를 이루어 서로 최대한 이롭도록 하였소.

19 첫째는 남녀가 결합하여 자녀를 낳음으로써 종족이 끊기지 않게 하려는 것이오. 둘째는 노년에 자신을 부양할 자손을 얻기

위함이오. 특히 짐승과 달리 야외에서만 살 수 없는 인간에게는, 비바람을 막아줄 안락한 거처가 반드시 필요한 법이오.

그런데 사람들이 지붕이 있는 집으로 무엇인가를 가져오려 20 면 야외에서 일할 사람이 필요하오. 풀 베기, 파종하기, 나무 심 기, 방목 같은 것들은 야외에서 하기 때문이오. 그리고 이것들로 부터 생활에 필요한 것들이 생겨나오.

더군다나 그것들을 집 안으로 가져왔을 때는 그것을 관리할 21 사람과 집 안에서 마땅히 해야 하는 일을 할 사람이 필요하오. 지붕 있는 거처에서는 새로 태어난 아이들을 양육할 수 있고 곡 물로 빵을 만들 수도 있고 양모로 옷을 만들 수도 있소.

내 생각에는 이렇게 집 안에서 하는 일과 바깥에서 하는 일 22 은 모두 근면히 돌볼 필요가 있어서 신이 처음부터 여자의 본성 은 집에서 하는 일을 관리하도록, 남자의 본성은 바깥에서 하는 일을 관리하도록 준비하신 것이오.

신은 남자의 몸과 정신이 추위와 더위, 여행과 원정을 잘 견 23 디도록 만들어서 남자에게 바깥일을 돌보도록 하였소. 반면에 여자의 몸은 이런 일을 덜 견디도록 만들어서 집 안의 일을 돌보 도록 하였다고 나는 생각하오.

그리고 신은 여자 속에 갓 태어난 자녀들을 양육하고자 하 24 는 마음을 심어주고 그렇게 하라고 명하셨기 때문에 갓난아기를 사랑하는 마음도 남자보다 여자에게 더 많이 주셨소.

또한 신은 집 안으로 가져온 것들을 지키라고 여자에게 명 25

하였고, 무엇인가를 지킬 때 두려운 마음이 든다는 것을 미리 아시고서 남자보다 여자에게 두려움을 더 많이 주셨소. 그리고 신은 누군가 우리에게 해를 끼치려고 할 때 스스로 방어할 필요가 있다는 것을 아시고 여자보다 남자에게 용기를 더 많이 주셨소.

26   하지만 남자와 여자는 서로 주거니 받거니 하며 살아가기에 신은 남자와 여자에게 모두 기억력과 근면함을 공평하게 주었소. 따라서 당신은 여자와 남자 중 어느 쪽이 이런 능력을 더 많이 가졌는지 분간할 수 없을 것이오.

27   신은 또한 절제하는 능력을 남녀에게 똑같이 나눠 주셨고 남자든 여자든 절제력 있는 훌륭한 사람이 보다 많은 이득을 누리도록 하셨소.

28   신이 두 사람 모두에게 모든 능력을 완벽하게 주지 않으신 것은, 서로의 부족함을 채워주도록 하기 위함이오. 그렇기에 부부는 서로를 더욱 필요로 하게 되고, 함께할 때 홀로일 때보다 더 큰 이득을 얻게 되는 것이오.

29   여보, 이제 우리는 신이 우리 각자에게 명령한 것들을 알기 때문에 우리 각자가 마땅히 해야 할 일들을 가능한 한 최선을 다해 수행하도록 노력해야 하오.

30   법도 남자와 여자를 부부로 맺어주면서 그렇게 하는 데 동의하고 있소. 신이 부부를 자녀 양육의 동반자로 만들었듯이 법도 부부를 가정 경영의 동반자로 만들었소. 법 또한 신이 남자와 여자 각각에게 부여한 능력과 역할이 바람직하다고 인정하오.

여자는 밖에 머물기보다 집 안에 머무는 것이 좋지만 남자가 밖에 머물기보다 집 안에 머문다면 추한 일이 된다오.

누군가 신이 부여한 본성과 다르게 행동한다면 아마 신은 31 질서를 어기는 사람을 찾아낼 것이고, 그 사람은 남자의 일을 소홀히 하거나 여자의 일을 했다는 이유로 벌을 받게 될 것이오.

그리고 내 생각에 여왕벌도 신이 명령한 여자의 일들을 수 32 행하는 같소.'

그러자 아내가 물었습니다. '여왕벌은 어떤 일들을 하기에 제가 해야 하는 일들과 비슷하다는 것인가요?'

'여왕벌은 벌집을 지키면서 일벌들이 빈둥거리는 꼴을 보지 33 못하오. 밖에서 일해야 할 벌들은 가차 없이 내보내 일하게 하지요.' 내가 대답했습니다. '그리고 각각의 꿀벌이 가져오는 것들이 무엇인지 알고 받아두었다가 사용할 필요가 있을 때까지 그것들을 보관해두지요. 그리고 보관한 것을 사용할 때가 오면 여왕벌은 각각의 꿀벌에게 정당한 몫을 분배한다오.[39]

여왕벌은 또한 벌집 짓는 일을 감독하여 아름답고 신속하게 34

---

39   22절에서 33절까지 반복적으로 나오는 '본성', '만들다', '부여하다' 같은 표현은 모두 '피시스'(φύσις)와 그 동사 '피오'(φύω)에서 유래한 다양한 활용형을 옮긴 것이다. '피시스'는 타고난 '본성'이나 '자연'을 의미하며(22, 28절), '피오'는 (신이) '낳거나 만든다'는 것을 의미한다(30, 31절). '피오'는 원래 '자연스럽게 자라나다'와 '(신이) 의도적으로 창조하다'라는 의미를 동시에 포괄하는데, 한국어로는 하나의 단어로 표현할 수가 없어 문맥에 따라 달리 옮겼다. 크세노폰은 이를 통해 성별 분업이 인간의 관습이 아닌 신의 설계이며 남녀가 상호 보완적인 관계를 맺어야 한다고 강조한다.

지어지도록 하고, 태어난 새끼들을 돌보아 잘 자라도록 하오. 이
윽고 새끼들이 잘 자라서 일할 수 있게 되면 새로운 지도자를 함
께 보내 새로운 벌집을 짓게 한다오.'

35   그러자 아내가 물었습니다. '그러면 저도 정말 그런 일들을
해야 하나요?'

'물론 그렇소.' 내가 대답했습니다. '당신은 집 안에 머물면
서 바깥에서 일할 일꾼들을 내보낸 뒤, 안에서 일할 가노들은 감
36 독해야 하오. 밖에서 들여온 수확물을 갈무리하여 당장 쓸 것과
남겨둘 것을 구분해야 하오. 한 해 동안 써야 할 양식을 한 달 만
에 탕진하는 일이 없도록 헤아려 보관해야 하는 것이오. 그리고
양모가 들어오면 필요한 이들에게 옷을 만들어주고, 마른 곡식
은 잘 보관해서 언제든지 먹을 수 있도록 관리해야 하오.

37   더불어 당신이 마땅히 해야만 하는 일이 하나 있소. 아마 썩
달갑지 않은 의무일지도 모르오. 바로 가노 중에서 누구든 병든
자가 생기면 그가 치료받을 수 있도록 돌보는 것이오.'

'제우스께 맹세하건대 그것은 가장 즐거운 일이에요. 치료받
은 사람이 감사할 줄 알고 전보다 충직한 사람이 된다면 말이에
요.' 아내가 말했습니다.

38   나는 그녀의 대답에 감탄하며 말했습니다. '여보, 그렇게 꿀
벌들을 신경 써서 돌봐주었기에 다른 꿀벌들이 여왕벌을 따르는
것이 아니겠소? 그래서 여왕벌이 벌집을 떠날 때 꿀벌이 모두 따
라나서고, 아무도 혼자 남으려고 하지 않는 것이 아니겠소?'

그러자 아내가 내게 대답했습니다. '지도자의 일은 나보다는 39
당신과 더욱 관련이 있어 보여요. 당신이 밖에서 무엇인가를 들여오지 않으면 제가 집 안의 것들을 돌보고 분배하는 일은 우스워 보일 거예요.'

'그러나 집 안으로 가져온 것들을 관리할 사람이 없다면 내 40
가 무엇인가를 집 안으로 가져오는 일도 마찬가지로 우스워 보일 것이오. 밑 빠진 독에 물을 붓는 사람들이 얼마나 가엾어 보이는지 당신은 알잖소? 그들은 헛되이 고생하기 때문이라오.' 내가 말했습니다.

'제우스께 맹세하건대 만약 그런 일을 한다면, 그들은 정말 불쌍한 사람들이에요.' 아내가 말했습니다.

'여보, 그 외에도 당신이 달리 돌볼 일들이 당신에게 기쁨을 41
안겨줄 것이오.' 내가 말했습니다. '실을 잣지 못하는 하녀를 데려와서 숙련되게 만들고, 그녀가 당신에게 두 배의 이익을 안겨줄 때 말이오. 또한 집 안 살림과 손님 응대를 못하는 하녀를 데려와서 믿음직스럽고 숙련된 사람으로 만들어 얼마를 줘도 아깝지 않은 사람이 되었을 때 말이오. 나아가 당신이 집 안에서 분별 있고 유용한 사람들을 우대하고 만일 누군가 일을 그르치면 벌할 수 있을 때도 이런 것은 당신에게 기쁨을 안길 것이오.

하지만 그보다 더욱 즐거운 일이 있소. 바로 당신이 나보다 42
더 훌륭해져서, 내가 오히려 당신을 섬기게 되고 나이 듦에 따른 두려움 없이 사는 것이오. 그러면 당신은 나이가 들수록 나에게

좋은 동반자가 되고, 아이들에게는 보다 좋은 가정의 수호자가
되어 집 안에서 더욱 존경받는다고 믿게 될 것이오.

43　　　아름답고 좋은 것들은 아름다운 과일이 무르익어가듯이 저
절로 생겨나는 것이 아니라 사람들이 삶에서 탁월함[40]을 실천함
으로써 늘어간다오.' 소크라테스여, 아내와 처음으로 대화했을
때 이런 것들을 그녀에게 말했던 것으로 기억합니다."

40　이 책에서 '미덕'으로 번역한 '아레테'($\dot{\alpha}\rho\epsilon\tau\dot{\eta}$)는 여기서 '탁월함'으로 번역했다. 그리스
어 '아레테'의 기본적인 의미는 '탁월함'이고, '미덕'은 그 세부적인 의미들 중 하나일
뿐이다. 예컨대 개의 미덕(또는 탁월함)은 개의 본성을 지켜 행하는 것이다. 고대 그
리스의 언어와 사상에서는 아름다움(미)과 좋음(선)처럼 탁월함(미덕)도 철저하게 본
성과 관련해서 정의된다. 사냥개의 미덕 또는 탁월함은 사냥개의 본성, 즉 사냥에
능한 것이다.

8장

가정의 질서와 배치에 대하여

"이스코마코스여, 대화를 나눈 이후에 당신의 아내가 집 안에서 1
마땅히 해야 할 일을 더욱 근면히 돌보게 되었다고 생각하십니
까?" 내가 말했네.

"제우스께 맹세하건대 그렇습니다." 이스코마코스가 대답했
네. "한 번은 내가 집 안에 들여놓은 물건 가운데 어떤 것을 달라
고 했는데 그녀가 찾지 못했던 적이 있습니다. 그때 그녀는 몹시
당황하여 얼굴을 붉혔던 것을 저는 기억합니다.

나는 그녀가 속상해하는 것을 보고 말했습니다. '여보, 내가 2
요청한 것을 당신이 찾지 못했다고 해서 낙담하지 마시오. 필요
할 때 그것을 쓰지 못한다는 것은 분명 가난이지만, 얻고자 하

여 찾다가 실패하는 것은, 아예 존재하지 않는다는 것을 알고 처음부터 찾으려 하지 않는 것보다는 훨씬 덜 괴로운 일이오. 오늘 일은 당신이 아니라 내 책임이오. 내가 물건들을 당신에게 넘겨주면서 각각을 어디에 두어야 할지 알려주어 당신이 각각의 물건을 어디에 두고 어디에서 가져와야 하는지 알 수 있게 해야 했는데 내가 그렇게 하지 않았기 때문이라오.

3 　여보, 인간에게 질서만큼 유용하고 아름다운 것은 없소. 예컨대 합창단은 사람들로 구성되어 있는데, 각자 제멋대로 행동한다면 혼란스러울 뿐만 아니라 보기에도 민망할 것이오. 하지만 똑같은 합창단이 질서 있게 행동하고 노래할 때는 볼 만하고 들을 만한 가치가 있다고 생각될 것이오.

4 　또한 여보, 군대도 무질서할 때는 극도로 혼란스러워서 적들에게 쉽게 제압당하기 마련이고, 아군이 보기에도 무척 부끄럽고 아무 쓸모도 없소. 당나귀와 중무장보병, 짐꾼, 경무장보병, 기병, 수레가 함께 뒤엉켜 있어 서로 방해할 텐데 어떻게 행군할 수 있겠소? 걷는 자가 달리는 자를, 달리는 자가 서 있는 자를, 수레가 기병을, 당나귀가 수레를, 짐꾼이 중무장보병을 방해하는데 말이오.

5 　당장 이런 상태에서 어떻게 싸우겠소? 적이 공격해오면 달아날 수밖에 없는 자들이 뒤로 밀리면서 싸워야 할 무장 병사들까지 짓밟아 넘어뜨릴 것이기 때문이오.

6 　반면 대오를 갖춘 군대는 아군이 보기에 가장 아름다운 구

경거리인 동시에 적들에게는 가장 까다롭고 힘겨운 상대이지요. 많은 중무장보병이 대오를 갖추어 질서 있게 행군하는 광경을 보면서 기뻐하지 않을 아군이 어디 있으며, 기병이 대열을 지어서 진격하는 모습을 보면서 감탄하지 않을 이가 누구겠소. 또한 중무장보병과 기병과 경무장보병과 궁수와 투석병이 부대별로 잘 정렬되어 각 지휘관을 질서 있게 따르는 모습을 보고 어느 적이 두려워하지 않겠소?

군대가 대오를 갖추어 질서 있게 행군할 때는 비록 그 숫자 7가 수만에 달한다고 할지라도 마치 한 사람처럼 모두 평온하고 안정되게 나아가오. 빈 공간이 생기면 뒤따르는 자들이 금세 자리를 채우기 때문이오.

사람을 가득 실은 삼단노선이 적에게는 두려움의 대상이 되 8고, 아군에게는 사기를 북돋는 이유가 달리 무엇이겠소? 그 속도가 빠르기 때문이오.[41] 또한 배에 탄 사람들이 서로 방해되지 않는 이유가 달리 무엇이겠소? 질서 있게 앉아서 절도 있게 앞뒤로 노를 젓고, 질서 있게 타고 내리기 때문이라오.

내가 보기에 무질서란 이런 것이오. 농부가 보리, 밀, 콩을 9뒤섞어 창고에 처박아 두었다가 보리 반죽이나 빵이나 반찬을

---

41 고대 지중해의 해전에서는 배의 선수와 선미에 충각(衝角)이라는 청동제 무기를 장착하여 적을 들이받아서 격침시키는 전술을 펼쳤다. 이때 삼단노선이 자랑하는 빠른 속도는 기동성이 좋다는 것을 의미할 뿐 아니라 상대를 강하게 들이받을 수 있음을 의미했기에 적에게는 공포의 대상이었다.

만들어야 할 때가 되어서야 부랴부랴 곡식 낱알을 하나하나 골라내는 꼴과 같소.[42]

10　　그러니 여보, 당신도 이런 혼란을 바라지 않고 우리 소유물을 제대로 관리하고 싶다면, 또 무엇이든 필요할 때 곧바로 꺼내 쓰고 내가 무엇인가를 가져다 달라고 했을 때 쉽게 내게 건네주기를 바란다면, 이제부터는 각 물건에 알맞은 자리를 정한 뒤 가노들에게 지정된 곳에서 물건을 가져오고 다시 그 자리에 두도록 가르쳐줍시다. 그렇게 해서 우리는 무엇이 온전하고 온전하지 않은지 알 수 있을 것이오. 그런 장소 자체가 거기 없는 물건이 무엇인지 알려줄 테고, 한 번만 봐도 주의를 기울여야 할 것이 무엇인지 알게 될 것이며, 각각의 물건이 어디 있는지 알기에 빨리 손에 넣을 수 있어서 물건을 사용하는 데 곤란을 겪지 않게 될 것이오.'

11　　소크라테스여, 일전에 페니키아인들의 거대한 선박에 들어가서 구경할 기회가 있었습니다. 도구들이 무척 아름답고 정교한 질서를 갖추고 있었지요. 무척 작은 공간이었는데도 이루 말할 수 없이 많은 도구가 잘 정돈되어 있었습니다.

---

42 '보리 반죽'(μάζα, 마자)은 보릿가루를 물이나 우유에 개어 만든 음식으로 익히지 않거나 간단히 조리해서 먹었는데, 죽으로 먹거나 평평하게 누른 후 구워서 먹기도 했다. 서민층과 농민의 음식이었다. '빵'(ἄρτος, 아르토스)은 밀가루로 만들어 발효시켜서 구운 빵으로 상류층과 도시인들의 음식이었고, 고대 그리스인들의 주식이었다. '반찬'(ὄψον, 옵손)은 빵과 함께 먹는 모든 음식(고기, 생선, 채소 등)이었다.

　제2부 가정 내부 관리론

배가 항구에 정박하거나 출항할 때는 목재 장비와 밧줄이 [12] 많이 필요하고,[43] 항해할 때는 돛대에 매다는 삭구[44]같은 도구가 많이 필요하며, 적선에 대비해 무장하는 데만 해도 많은 장치가 필요합니다. 또한 승선할 사람들이 지닐 많은 무기를 실어야 하고 사람들이 집에서 식사할 때 쓰는 식기도 실어야 합니다. 이 외에도 배는 선주가 이익을 얻기 위해 운반하는 화물로 가득합니다.

이 모든 물건이 들어찬 선실은 기껏해야 침상 열 개 정도 놓 [13] 을 넓이밖에 안 되었습니다. 그런데도 물건들은 서로 뒤엉키거나 가려지는 법이 없더군요. 찾느라 시간을 허비할 일도, 꺼내느라 애먹을 일도 없이, 급할 때면 언제든 즉시 집어 들 수 있게 완벽하게 정돈되어 있었습니다.

또한 나는 선장의 조수, 즉 뱃머리 담당자[45]가 각 물건의 위 [14] 치를 너무나 잘 파악하고 있음을 알아차렸습니다. 그는 굳이 물건을 보관하는 장소에 가지 않더라도 각각이 어디에 있고 얼마

---

43 배의 운항에 필요한 모든 나무로 만든 기구(노, 키, 돛대 등)와 엮어서 만든 밧줄, 그물, 로프 등을 가리킨다.

44 '삭구'로 번역한 '크레마스토스'(κρεμαστός)는 '매달린'을 뜻하고, 배의 돛이나 기중기 등에서 밧줄, 줄, 와이어, 체인 등 매달아 쓰는 도구를 통칭하는 단어다.

45 '선장'으로 번역한 '퀴베르네테스'(κυβερνήτης)는 조타수를 뜻하기도 하는데, 실제로 선장과 조타수를 겸임한 경우가 많았다. '뱃머리 담당자'(πρωρεύς, 프로레우스)는 주로 노를 젓는 선원들 중에서 가장 앞줄(선수)에 있는 노잡이를 가리키는데, 배의 방향을 살피고, 장애물이나 위험을 처음 발견하여 알리는 역할도 했다.

나 많은지 알고 있었습니다. 마치 글자를 깨친 사람이 '소크라테스'라는 이름에 글자가 몇 개이고 어느 글자가 어떤 순서로 배치되어 있는지 말할 수 있는 것과 다름 없었습니다.

15   그리고 나는 그 뱃머리 담당자가 여가 시간에 배에서 사용해야 할 모든 것을 점검하는 것도 보았습니다. 나는 그가 점검하는 것을 보고 놀라서 지금 무엇을 하는지를 그에게 물어본 적이 있습니다.

그러자 그 뱃머리 담당자가 대답했습니다. '이방인이여, 지금 나는 배에 무슨 일이 생길 경우를 대비해서 사용해야 할 물건들이 배 안에 어떻게 놓여 있는지 혹은 무엇인가 빠져 있거나 어수선하게 놓여 있지는 않은지 살펴보고 있습니다.

16   신께서 바다에 폭풍을 내리실 때는 물건을 찾거나 정리할 겨를이 없소. 신은 게으른 자들을 용서치 않는 법이니까요. 죄 없는 자도 살아남기 힘든 게 바다인데, 준비된 자만이 신의 가호를 바랄 수 있지 않겠소?'"

17   이스코마코스가 말했네. "나는 페니키아인들의 배 안에 물건들이 정확히 배치되어 있는 것을 살펴본 후에 아내에게 이렇게 말했습니다. '배에 있는 사람들은 협소한 공간에서 각 물건이 놓일 장소를 마련하고 거센 파도에 흔들리면서도 질서를 유지하며 극도로 두려운 상황에서도 필요한 물건을 찾아내었소. 이와 비교하면, 우리는 집 안에 각각의 물건을 보관할 커다란 창고도 있고 집은 땅 위에 견고하게 서 있다오. 그런데도 우리가 각 물

건을 적절히 보관하고 나중에 찾기도 쉬운 장소를 마련하지 못한다면 우리가 얼마나 어리석은 사람이겠소?

나는 당신에게 물건을 적재적소에 질서 있게 배치하는 것이 [18] 얼마나 좋은 것인지, 그리고 각각의 물건을 제자리에 찾기 쉽도록 두는 것이 얼마나 유익한지 말하였소.

신발이 종류별로 가지런히 놓여 있을 때는 얼마나 아름답 [19] 고, 옷과 침구와 놋그릇과 식기과 종류별로 분류되어 있을 때는 얼마나 아름답소? 흙으로 빚은 냄비와 솥조차 가지런히 정돈되어 있으면 아름다운데, 진지한 사람이라면 이것을 비웃지 않을 것이오. 고상한 척하는 사람들은 이런 일들을 비웃을지도 모르겠지만 말이오.

이 외에도 모든 것은 질서를 갖추고 있을 때 가장 아름다워 [20] 보이는 법이오. 마치 원형으로 합창단이 둘러선 광경이 그 자체로 아름다울 뿐 아니라 그 중앙의 빈 공간조차 아름답고 깨끗해 보이는 것과 마찬가지라오.

여보, 내가 지금 하는 말이 사실인지 아닌지는 별다른 손해 [21] 도 보지 않고, 또 많은 수고로움을 거치지 않더라도 우리가 시험해볼 수 있소. 또한 여보, 각각의 물건을 어디에 두어야 하는지를 배우고 제대로 기억할 만할 사람을 찾기 어렵다고 낙담하지 마시오.

이 도시 전체에는 우리가 가진 것보다 수만 배나 많은 물건 [22] 이 있다는 사실을 우리는 알고 있소. 그럼에도 어느 가노에게든 물건을 사 오라고 명령하면, 누구나 막힘없이 그 물건을 얻으려면 어디로 가야 하는지를 알지 않소. 이는 모든 것이 저마다 정해진 자리에 놓여 있기 때문이오.

23 그러나 사람을 찾을 때는, 심지어 서로가 서로를 찾고 있는데도 만나지 못하는 경우가 왕왕 있소. 그 이유는 어디에 가서 기다려야 그를 만날 수 있는지 정해져 있지 않기 때문이오.' 나는 집 안의 물건을 배치하고 사용하는 일과 관련하여 아내와 이런 대화를 나누었다고 기억합니다."

9장

가사 관리인에 대하여

"그래서 어떻게 되었습니까?" 내가 이스코마코스에게 물었네. [1]
"이스코마코스여, 당신의 아내는 당신이 가르치려고 애썼던 것들을 어떻게든 순종하고 잘 따르는 것 같았습니까?"

"아내는 내가 말한 일을 돌보겠다고 약속했을 뿐만 아니라 마치 궁지에서 벗어나 어떤 해결책을 찾은 사람처럼 매우 기뻐했습니다. 내가 말한 대로 최대한 빨리 물건들을 배치해달라고 부탁하기까지 했습니다."

"이스코마코스여, 그러면 당신은 아내를 위해 물건들을 어떻게 배치했습니까?" 내가 물었네. [2]

"나는 먼저 아내에게 우리 집의 구조와 목적을 알려주는 것이 좋겠다고 생각했습니다. 소크라테스여, 집은 장식품으로 꾸며진 것이 아니기 때문입니다. 각 방은 그 안에 놓이게 될 것들을 고려한 가장 적합한 용기처럼 설계되고 건축되었습니다. 따라서 각 방에는 그곳에 적합한 것들이 놓여야 합니다.

3   안전한 침실에는 값비싼 침구류와 각종 생활 도구가 놓여 있고, 건조한 방에는 곡식이, 서늘한 방에는 포도주가 놓여 있습니다. 햇빛이 잘 드는 방에는 기구를 놓고 빛이 필요한 일을 합니다.

4   나는 사람들이 매일 사용하는 공간도 아내에게 보여주었습니다. 여름에는 시원하고 겨울에는 따듯한 곳이었습니다. 우리 집 전체가 남쪽으로 향해 있다는 것을 보여주었는데, 겨울에는 햇빛이 잘 들고 여름에는 그늘이 잘 진다는 것을 분명히 보여주기 위함이었습니다.

5   또한 나는 여자들의 방도 아내에게 보여주었습니다. 빗장 달린 문이 있어서 남자들의 방과 분리되어 있었습니다. 나가서는 안 되는 것이 밖으로 나가지 않게 하고, 가노들이 우리 모르게 자식을 낳지 못하도록 하기 위한 것이었습니다. 쓸모 있는 가노는 대개 자식을 낳고 나면 더욱 충직해지지만 악한 가노는 결혼하고 나면 나쁜 짓을 저지를 공산이 더욱 큰 탓입니다.

6   이렇게 우리는 방들을 살펴본 뒤에 소지품을 종류별로 분류했습니다. 먼저, 제사를 올릴 때 쓰는 도구를 한데 모았습니다. 다음으로 여자들의 축제용 장신구와 남자들이 축제하거나 전쟁

    제2부 가정 내부 관리론

을 치를 때 입는 의복, 각자 방에 있는 침구류, 남녀 각각의 신발 따위를 분류했습니다.

어떤 것들은 무기류로 분류했고, 또 어떤 것들은 방적 기구 7 류나 제빵 기구류, 요리 도구류, 목욕 도구류, 반죽 도구류, 식기류로 나누었고, 다시 이것들을 일상에서 사용하기 위한 용도인지 축제를 위한 용도인지에 따라 분류했습니다.

또한 일 년 치 비축 식량에서 한 달 치 소비량을 따로 떼어 8 놓았습니다. 그래야 연말에 식량이 얼마나 남을지 명확히 파악할 수 있기 때문입니다. 이렇게 분류를 마친 뒤, 우리는 각 물건을 제자리에 옮겨 놓았습니다.

그런 다음에 우리는 가노가 매일 사용하는 도구, 즉 방적 기 9 구, 제빵 기구, 요리 도구 따위를 다루었습니다. 이것들을 실제로 사용할 사람들에게 보관 장소를 알려주고 그들에게 직접 맡겼습니다. 그리고 안전하게 보관하라고 명령했습니다.

축제나 손님 접대용으로 가끔 쓰는 물건은 가사 관리인에게 10 일임했습니다. 그녀에게 보관 장소를 보여주고, 물건의 개수를 세어 기록하게 했지요. 그리고 누군가에게 물건을 내줄 때는 누구에게 무엇을 주었는지 기억해두었다가, 반드시 돌려받아 제자리에 다시 돌려놓으라고 일러두었습니다.

우리는 가사 관리인을 선택하면서, 식사, 음주, 수면, 남자들 11 과의 관계에서 가장 절제력이 있어 보이는 사람이 누구인지를 살펴보았습니다. 또한 기억력이 좋고, 일을 소홀히 하여 벌받는 것을 두려워하며, 어떻게 하면 주인을 기쁘게 하여 칭찬받을지 고민하는 사람을 선택했습니다.

12 　　우리가 기쁠 때는 어떤 식으로든 우리의 기쁨을 나눠주고, 괴로운 일이 있을 때는 그녀에게 도움을 요청함으로써 우리에게 호의를 느끼도록 가르쳤습니다. 나아가 그녀에게 가산의 전반적 상황을 충분히 알려주고 재산이 불어날 때는 이득을 나눠 줌으로써 가산을 열심히 늘리도록 했습니다.

13 　　나아가 우리는 그녀에게 정의[46]를 심어주었습니다. 정의로운 사람을 불의한 사람보다 더 존중하고, 정의로운 사람이 불의한 사람보다 더 부유하고 자유로운 삶을 살아가는 것을 보여줌으로써 그리 하였습니다. 이렇게 하여 우리는 가사 관리인을 마땅히 있어야 할 자리에 두었습니다.

14 　　소크라테스여, 모든 물건과 가사 관리인을 배치하는 일이 끝난 후에 나는 아내에게 말했습니다. 만약 아내가 각각의 물건이 정해진 장소에 있도록 부단히 주의를 기울이지 않는다면 이 모든 것은 아무 소용이 없을 것이라고요. 저는 또한 아내에게 가르쳐주기를, 훌륭한 법을 가진 국가라도 법을 제정하는 것만으

---

46 5장 12절에서 땅이 '디카이오쉬네'(δικαιοσύνη, 정의)를 가르친다고 한 원리를 여기서는 가정 관리에 적용한다. 자연이 자신을 잘 돌보는 자에게 풍작으로 보답하듯, 이스코마코스는 관리인에게 성실한 자가 더 부유하고 자유로운 삶을 산다고 가르친다. 이는 크세노폰 특유의 실용주의적 정의론으로, 정의를 추상적 이상이 아닌 실질적 이익과 연결시킨다. 정의가 도덕적으로 옳을 뿐 아니라 경제적으로도 이득이 된다는 것을 보여줌으로써 자발적 동기를 유발한다.

　　　　　　　　　　　　　제2부 가정 내부 관리론

로는 충분하지 않다는 사실을 일러주었습니다. 아울러 시민은 법의 수호자를 선출하여 그들이 사람들을 감독하게 하고 법을 준수하는 자는 칭찬하고 위반하는 자는 처벌하게 해야 한다고 말입니다.

그런 후에 아내 자신을 집안의 법 수호자로 여길 것을 조언 15 했습니다. 수비대장이 경비병을 점검하듯 그녀가 좋다고 생각한 때에 언제든 집 안의 물건을 검사하라고 했습니다. 평의회가 군마와 기병을 점검하듯 그녀도 각각의 물건을 점검해서, 여왕처럼 주어진 권한 안에서 칭찬받아 마땅한 사람에게는 상주고 질책할 필요가 있는 사람은 꾸짖고 벌주도록 했습니다.

더불어 아내에게 가르치기를, 우리 가산을 관리할 때 가노 16 들보다 그녀에게 더 무거운 책임을 맡긴다고 해서 불공평하다고 생각지 말라고 했습니다. 가노는 주인의 재물을 운반하거나 돌보거나 지키기는 하지만 주인이 허락하지 않는 한 아무런 재산도 사용할 수 없는 반면 주인은 모든 것을 자기가 원하는 대로 사용할 수 있다는 것을 그녀에게 알려주었습니다. 우리는 가산 17 이 보존되었을 때 가장 큰 이득을 얻고 가산이 탕진되었을 때 가장 큰 손해를 보는 사람이니 가장 주의를 기울여야 마땅하다고 아내에게 설명했습니다."

"그래서 이스코마코스여, 어떻게 되었습니까?" 내가 말했네. 18 "그 말을 들은 당신의 아내가 조금이나마 순종하였습니까?"

이스코마코스가 대답했네. "아내는 우리 가산을 돌보는 일을 전혀 무거운 책임으로 느끼지 않는다고 말했습니다. 오히려 내가 자신에게 무거운 책임을 맡겼다고 생각한다면 그것은 오해라고 말했습니다. 그러면서 내가 그녀에게 자신의 물건을 잘 간수하라고 시키지 않고 마땅히 돌보아야 할 일을 신경 쓰지 말라고 했다면 자신은 더욱 견디기 어려웠을 것이라고 말했습니다.

19   나아가 현명한 여자가 자식을 소홀히 하지 않고 보살피는 일을 자연스럽게 여기듯이, 자신의 소유물인 재산 역시 애착을 가지고, 방치하기보다는 정성껏 돌보는 일이 오히려 더 즐겁다고 말했습니다."

10장

아름다움과 건강함에 대하여

나는 이스코마코스의 아내의 답변을 듣고 이렇게 말했네. "이스 [1]
코마코스여, 헤라 여신에게 맹세하건대 당신의 아내는 사내와
다름없는 판단력을 지녔군요."

"또한 나는 아내가 고결한 성품을 지니고 있음을 보여주는
한 가지 이야기를 당신에게 들려주고 싶습니다." 이스코마코스
가 대답했네. "아내가 나에게 단 한 번 들었을 뿐인데도 즉시 순
종했던 일입니다."

"어떤 이야기들인지 말씀해 주십시오." 내가 말했네. "살아있
는 여자의 미덕을 배우는 것은 제욱시스가 그린 아름다운 여자
그림을 보는 것보다 훨씬 더 즐거운 일이기 때문입니다."

2   그러자 이스코마코스가 이런 이야기를 해주었네. "소크라테스여, 어느 날 나는 아내가 자신의 얼굴이 실제보다 희게 보이게 하려고 흰 분을 바르고, 자신의 뺨이 실제보다 붉게 보이게 하려고 붉은 안료를 바르고,[47] 자신의 키가 타고난 것보다 커 보이게 하려고 굽 높은 신발을 신고 있는 것을 보았습니다.

3   그래서 내가 아내에게 말했습니다. '여보, 말해보시오. 내가 가산의 동반자로서 다음 두 가지 모습을 보여준다면 당신은 어느 쪽을 더 사랑받을 만하다고 판단하겠소? 있는 그대로의 재산을 당신에게 보여주고 가진 것보다 더 많다고 자랑하지도 않으며 우리가 소유한 것이라면 무엇이든 숨기지 않는 쪽이오, 아니면 당신을 속이려고 애쓰면서 우리가 가진 것보다 더 많다고 말하고 가짜 은을 보여주며 나무에 금박을 씌운 목걸이와 색이 금세 바래는 자주색 옷을 진짜라고 말하는 쪽이오?'

4   아내는 즉시 이렇게 대답했습니다. '그런 말은 하지 마세요. 당신이 그런 사람이 되지 않기를 바랍니다. 당신이 그런 사람이라면 저는 진심으로 당신을 사랑할 수 없을 테니까요.'

   '그렇다면 여보, 우리는 서로 몸에 대해서도 동반자로 맺어진 것이 아니겠소?' 내가 말했습니다.

<hr>

47   '흰 분'으로 번역한 '프쉬뮈티온'(ψιμύθιον)은 납을 식초에 담그고 공기 중에 노출시켜 산화시킨 후 얻은 하얀 가루로, 물이나 오일과 혼합하여 사용했다. '붉은 안료'로 번역한 '엥쿠사'(ἔγχουσα)는 알카넷 식물의 뿌리를 오일이나 지방과 함께 가열하여 추출한 붉은 안료였다.

아내가 대답했습니다. '사람들은 분명히 그렇게 말하지요.'

'그렇다면 내가 몸의 동반자로서 당신에게 다음 두 가지 모 5
습을 보여준다면 어느 쪽이 더 사랑받을 만해 보이겠소?' 내가
물었습니다. '내가 몸을 건강하고 튼튼하게 돌보아서 진실로 좋
은 혈색을 당신에게 보여주는 쪽이오, 아니면 얼굴에 붉은 연지
를 바르고 눈 밑에는 살색 분을 칠해서 당신에게 보여주고 함께
지내면서, 당신을 속이고 내 살을 만지는 대신 붉은 안료를 만지
게 하는 쪽이오?'

아내가 말했습니다. '저는 붉은 안료보다 당신의 살을 더 기 6
쁜 마음으로 만지고 싶고, 살색 안료보다 당신의 실제 피부색을
기쁜 마음으로 보고 싶으며, 화장한 당신의 눈보다 당신의 건강
한 눈을 기쁜 마음으로 바라보고 싶어요.'

'나 역시 그렇소, 여보.' 이스코마코스가 말했네. '흰 분이나 7
붉은 안료보다 당신의 실제 피부색을 보는 것이 더 기쁘다오. 신
이 우리를 그렇게 만들었기 때문이오. 말들이 말에게서 가장 큰
기쁨을 얻고 소들이 소에게서 가장 큰 기쁨을 얻으며 양들이 양
에게서 가장 큰 기쁨을 얻듯, 마찬가지로 뭇 사람도 다른 사람의
순수한 몸에서 가장 큰 기쁨을 얻도록 되어 있다오.

그런 눈속임으로 외부인은 어떻게든 속일 수 있을지 모르겠 8
지만 늘 함께 지내는 사람들은 속일 수 없고 반드시 들키게 마련
이오. 침상에서 일어나서 단장하기 전에 들키거나 땀이나 눈물
때문에 맨살이 드러나거나 그도 아니면 목욕 중에 진실이 드러

나게 되기 때문이오.'"

9   "진정으로 묻고자 합니다. 아내는 당신의 말에 대해 무엇이
라고 대답했습니까?"

"아내가 무슨 말을 할 수 있었겠습니까?" 이스코마코스는 대
답했네. "아내는 그 이후로 그런 식으로 화장하지 않았고, 자신
의 순수한 모습을 있는 그대로 보여주려고 노력했습니다. 더불
어 그녀는 단순히 아름다워 보이기만 하는 게 아니라 실제로 아
름다워지려면 어떻게 해야 할지 조언을 구했습니다.

10   소크라테스여, 나는 아내에게 노예처럼 늘 앉아 있지 말고
신들의 도움을 받아서 여주인답게 베틀에 서서 잘 아는 것은 다
른 사람에게 가르치고, 잘 모르는 것은 다른 사람에게 배우라고
조언했습니다. 또한 빵 만드는 가노를 살펴보고 가사 관리인이
물건을 정리할 때 지켜보며, 집 안 곳곳을 돌아다니며 물건이 제
자리에 있는지 점검하라고 했습니다. 나는 이것이야말로 집 안
단속과 산책을 겸하는 훌륭한 방법이라고 생각했기 때문입니다.

11   또한 나는 밀가루를 물에 풀어 반죽하고 옷과 침구를 털어
서 정리하는 것도 그녀에게 좋은 운동이 될 것이라고 말하면서
그렇게 운동을 하고 나면 즐겁게 먹을 수 있고 건강해져서 실제
로 혈색도 좋아질 것이라고 말해주었습니다.

12   그리고 아내가 하녀보다 더 깔끔하고 단정하게 차려입은 모
습으로 이런 일을 한다면 훨씬 매력적으로 보일 것입니다. 하녀
들은 억지로 일하지만, 아내는 남편을 위해 기쁜 마음으로 일하

니 그 모습이 어찌 남편의 마음을 움직이지 않겠습니까.

　반대로 가만히 앉아 늘 거드름만 피우는 여자들은, 화장으[13]
로 겉모습을 꾸며 남을 속이는 여자들과 비교될 수밖에 없습니
다. 소크라테스여, 이제 분명히 아셨겠지요. 내 아내는 내가 가르
친 대로, 그리고 내가 지금 당신에게 말한 그대로 살아가고 있습
니다."

제3부

사업 경영론:

농장 경영을 통해 배우는 경영의 본질

11장

농장 경영인의 자질에 대하여

그러자 나는 말했네. "이스코마코스여, 당신 아내의 일에 관해서 1
는 충분히 들은 것 같습니다. 진정 당신 두 분 모두 크게 칭찬받
을 만합니다. 당신이 어떻게 해서 명성을 얻게 되었는지를 기쁜
마음으로 설명해주시면 나도 아름답고 좋은 사람이 하는 일을
유심히 듣고서 배우며 크게 감사할 것입니다."

"소크라테스여, 제우스께 맹세하건대 내가 계속하고 있는 2
일들을 당신에게 아주 기쁜 마음으로 설명하겠습니다." 이스코
마코스가 대답했네. "당신이 보기에 내가 무언가 잘못하고 있다
면 나를 바로잡아 주실 수 있도록 말입니다."

"내가 어떻게 아름답고 좋은 사람임이 마땅한 당신을 바로 3

잡으려고 들겠습니까?" 내가 말했네. "특히 나는 쓸데없이 말을 많이 하고, 허공을 측량하는 사람으로 여겨질 뿐만 아니라, 가난한 사람이라 불리는 남자이지 않습니까? 물론 가난하다는 것은 나를 가리켜 비난하는 말 중에서 단연코 어리석은 말입니다.

4   이스코마코스여, 만약 내가 최근에 니키아스라는 외국인이 소유한 말을 우연히 마주치지 않았더라면 나는 가난하다는 비난을 듣고 매우 낙담했겠지요. 나는 많은 구경꾼이 그 말을 따라다니는 것을 보았고, 그들 중 어떤 사람이 그 말을 두고 이러저러한 이야기를 하는 것을 들었습니다. 그래서 나는 마부에게 다가가서 혹시 그 말에게 재산이 많은지 물었습니다.

5   마부는 무슨 그런 정신 나간 질문을 하느냐는 표정으로 나를 빤히 쳐다보더니, 어떻게 말에게 재산이 있겠느냐고 반문했습니다. 그 얘기를 듣고 나는 당당해질 수 있었습니다. 가난한 말이라도 타고난 기질이 훌륭하면 좋은 말이 될 수 있다는 의미로 받아들였기 때문입니다.

6   따라서 비록 가난할지라도 좋은 사람이 될 수 있음이 밝혀졌으므로 당신이 겪은 일을 남김없이 들려주십시오. 그리하여 내가 듣고 깨달은 것을 본받아 당장 내일부터 당신을 따라하도록 말입니다. 미덕을 실천하기에 이보다 좋은 때는 없을 것이기 때문입니다."

7   "소크라테스여, 당신은 농담하고 계시는군요." 이스코마코스가 대답했네. "하지만 그럼에도 내가 어떤 것들을 실천하면서 살

아가려고 하는지를 최선을 다해 당신에게 설명하겠습니다.

신들은 인간이 스스로 해야 할 일을 알고 그것을 완수하도 8
록 주의를 기울여야만[48] 성공하도록 허용하셨고, 현명하고 성실
하다고 해서 모두 행복을 주지는 않으신다는 것을 나는 알아차
렸습니다. 그래서 나는 신들을 섬기는 것에서부터 시작하여 기
도하면서 올바른 방식으로 행동하려고 노력합니다. 건강하고 강
인한 몸을 얻고, 국가의 명예와 친구 간의 호의와 전쟁에서의 안
전한 귀환을 기원하며 명예로운 방식으로 부를 늘릴 수 있도록
말입니다."

이 말을 들은 내가 물었네. "이스코마코스여, 부자가 되어 많 9
은 재산을 소유하고 그것을 관리하려면 뒤따르는 많은 문제를
감당해야 하는데도 당신은 부자가 되는 데 관심이 있습니까?"

"물론입니다." 이스코마코스가 대답했네. "나는 당신이 말하
는 것처럼 부자가 되고 문제를 감당하는 데 관심이 있습니다. 소
크라테스여, 신들을 성대하게 공경하고 친구들이 무엇인가 필요
로 할 때 그들을 돕고 내가 가진 재산으로 국가를 아름답게 장식
하는 것이 나에게는 즐겁기 때문입니다."

"이스코마코스여, 당신이 말하는 것은 참으로 아름다운 일 10
이고 진정으로 유능한 사람만이 할 수 있는 일입니다. 그렇지 않
습니까?" 내가 말했네. "대부분은 다른 사람의 도움 없이는 살아

---

48 2장 18절에서 설명한 '에피멜레이아'와 관련이 있다.

가지 못하고, 다만 자신이 먹고살기 충분한 것을 얻는 데 만족하며 살아가기 때문입니다. 그러니 자신의 가산을 관리하고도 이익을 남겨 국가를 아름답게 장식하고 친구를 도우려는 그런 사람들을 두고 속이 깊고 힘 있다고[49] 하지 않을 수 있겠습니까?

11 하지만 그런 사람들을 칭찬하는 것은 누구나 할 수 있지만 실제로 그런 사람이 되기는 어렵습니다." 내가 말했네. "이제 당신이 방금 말한 것들을 어떻게 실천하는지 나에게 알려주십시오. 건강 관리는 어떻게 하는지, 체력 단련은 어떻게 하는지, 전쟁에서 명예롭게 귀환하는 방법은 무엇인지를 말입니다. 재산을 증식하는 법에 관해서는 나중에 들어도 충분할 것입니다."

12 "소크라테스여, 적어도 내게는 그 모든 것이 서로 연관되어 있는 것으로 보입니다." 이스코마코스가 대답했네. "음식을 충분히 먹고 제대로 움직이면 건강을 유지할 수 있고, 올바르게 훈련하면 체력을 기를 수 있습니다. 그렇게 단련한 몸으로 전술을 익히면 전쟁에서 살아남을 것이고, 나태함을 버리고 집안일을 돌보면 재산은 자연히 늘어나지 않겠습니까."

13 "이스코마코스여, 노력하고 돌보고 연습하는 사람이 좋은 것을 많이 얻는다고 말한 것까지는 나도 알겠습니다." 내가 말했

---

49 '깊고'(βαθύς, 바튀스) '강한'(ἐρρωμένος, 에로메노스) 남자는 단순히 부와 힘을 지닌 인물이 아니라, 깊은 지혜와 통찰, 강한 도덕적 품성과 실행력을 갖추고 자신의 능력을 개인적 이익을 넘어 공동체의 번영을 위해 사용할 수 있는 탁월한 시민을 뜻한다. 이는 고대 그리스 사회가 이상적으로 그려온 시민상의 핵심을 보여준다.

 제3부 사업 경영론: 농장 경영을 통해 배우는 경영의 본질

네. "그런데 당신이 몸을 건강히 하고 체력을 단련하려고 어떤 노고를 쏟는지, 어떻게 전쟁 기술을 연마하는지, 어떻게 이익을 남겨 친구를 돕고 국가를 부강하게 하는지, 저는 이런 것들을 기꺼이 배우고 싶습니다."

"소크라테스여, 나는 일찍 일어나는 습관이 있습니다. 만나야 하는 사람이 있으면 그들이 미처 외출하기 전에 찾아가기 위해서입니다." 이스코마코스가 대답했네. "그리고 만약 시내에서 해야 할 일이 있을 때는 그곳으로 가는 것 자체를 산책으로 여깁니다. 14

만약 시내에서 해야 할 일이 없을 때는 하인을 시켜 내 말을 농장으로 끌고 가라고 하고, 나는 농장 가는 길을 기회 삼아 산책을 즐깁니다. 소크라테스여, 나는 이런 것을 지붕 있는 주랑에서 산책하기보다 좋아합니다. 15

그리고 농장에 도착하면 일꾼들이 나무를 심고 있든 휴경지를 개간하고 있든 씨를 뿌리고 있든 곡식을 수확하고 있든 각각의 일이 어떻게 진행되고 있는지를 살펴본 후, 지금 하는 방식보다 더 좋은 방법이 보이면 일하는 방식을 교정해줍니다. 16

그 다음엔 말에 올라 실전에 대비한 승마술을 훈련합니다. 오르막이건 내리막이건 도랑이건 개울이건 가리지 않고 달리되 말이 절뚝거리지 않도록 각별히 신경 씁니다. 17

승마를 마치면 하인에게 말을 씻겨 집으로 끌고 가라고 시키면서 농장에서 필요한 물품이 있으면 함께 도시로 운반해 가 18

져가라고 합니다. 나는 때로는 걷고 때로는 달려서 집으로 돌아와 목욕을 하며 기름과 먼지를 긁어냅니다.[50] 소크라테스여, 그런 후에는 너무 배고프지도 않고 너무 배부르지도 않게 하루를 보낼 수 있을 만큼만 아침 식사를 합니다."

19   "헤라 여신에게 맹세하건대 당신이 하는 그 일들은 정말 바람직해 보입니다." 내가 말했네. "당신은 건강을 유지하고 체력을 키우기 위한 준비와 전쟁 대비 훈련, 부를 관리하는 일을 한꺼번에 하고 있기 때문입니다. 그 모든 것이 내게는 감탄할 만하고 존경스러워 보입니다.

20   그리고 당신이 그 각각의 일을 올바르게 돌보고 있다는 증거는 충분합니다. 당신이 신의 가호를 받아 대체로 건강하고 강인할 뿐 아니라 최고의 기마술을 갖춘 사람이자 가장 부유한 사람으로 불린다는 것을 우리가 알기 때문입니다."

21   "그런데 소크라테스여, 나는 이런 일을 하면서 많은 사람에게 대단히 비방받고 있습니다." 이스코마코스가 말했네. "아마 당신은 내가 많은 사람에게 아름답고 좋은 사람이라고 불릴 것이

<hr>

50   고대 그리스인들은 체육관에서 운동하기 전에 온몸에 올리브유를 발랐는데, 이로 인해 운동 중 기름과 먼지가 섞이게 되었다. 그래서 운동 후에는 '스틀렝기스'(στλεγγίς)라 불린 도구로 기름과 먼지를 긁어낸 뒤, 물로 씻거나 목욕을 했다. 스틀렝기스는 구부러진 금속, 주로 청동으로 만든 도구로, 한쪽은 손잡이이고 다른 쪽은 곡선형 날로 되어 있었다. 여기서 '목욕을 하며 기름과 먼지를 긁어내다'로 번역한 '아포스틀렝기조마이'(ἀποστλεγγίζομαι)는 '스틀렝기스를 사용해 벗겨내다'라는 뜻으로, 고대 그리스의 목욕 관행을 보여주는 표현이다.

라고 생각했을 테지만 말입니다."

"이스코마코스여, 나도 마침 그것이 궁금하던 참이었습니 ²² 다." 내가 말했네. "당신이 자신을 변호하거나 타인의 잘못을 따 져 묻는 능력을 얼마나 중요하게 여기는지 늘 묻고 싶던 참이었 습니다."

"소크라테스여, 내가 날마다 하는 게 바로 그것입니다." 그가 대답했네. "나는 아무도 부당하게 대우하지 않고 내 능력이 닿는 한 많은 사람에게 도움을 건넴으로써 나 자신을 해명합니다. 그 리고 개인이나 국가에 해를 끼치고 아무 도움도 주지 않는 사람 들을 파악해두는 것으로 고발을 대신합니다. 과연 그렇게 보이 지 않습니까?"

"하지만 이스코마코스여, 당신은 그런 것을 말로 설명하는 ²³ 연습도 합니까?" 내가 말했네. "그렇다면 내게 설명해주십시오."

"나는 말하는 연습을 조금도 멈추지 않고 계속합니다." 이스 코마코스가 대답했네. "가노 중 누군가가 고발하거나 변호하는 것을 옆에서 지켜보면서 그의 말을 논박해보고, 친구들 앞에서 누군가를 비난하거나 칭찬해보고, 친한 동료들을 서로 화해시킴 으로써 서로 적이 되기보다는 친구가 되는 것이 이득이 된다고 가르치면서 끊임없이 이런 연습을 하고 있습니다.

우리는 장군이 함께 있는 자리에서 누군가를 비판하기도 하 ²⁴ 고 누군가 부당하게 비난받고 있을 때는 그를 변호하기도 하며 누군가 부당하게 존경받고 있을 때는 우리끼리 그 사람을 고발하기도 합니다. 우리는 동료들과 함께 해야 할 일을 여러 차례 의논하면서 원하는 것은 찬성하고 원하지 않는 것은 반론을 제기합니다.

25   그리고 소크라테스여, 나는 이미 어떤 처벌을 받고 어떻게 배상해야 할지 여러 번 판결을 받아보았습니다."

"누구에게 판결을 받았습니까, 이스코마코스여? 나는 모르고 있었습니다." 내가 물었네.

"내 아내에게 받았습니다." 그가 대답했네.

"당신은 뭐라고 변론하였습니까?" 내가 물었네.

"진실을 말하는 것이 내게 득이 될 때는 더할 나위 없이 충분히 변론합니다. 그러나 소크라테스여, 제우스께 맹세하건대 나는 거짓을 말하는 것이 유리할 때도 약한 논리를 강한 논리로 만들지 않습니다."[51] 이스코마코스가 대답했네.

"아마도 이스코마코스여, 당신은 거짓을 진실로 만들 수 없는 사람이기 때문일 것입니다." 내가 말했네.

----

51 '약한 논리를 강한 논리로 만든다'는 소피스트들을 비판하는 당대의 유명한 표현이었다. 프로타고라스(기원전 490-420년경)를 비롯한 소피스트들이 이런 기술을 가르쳤다고 전해진다. 진리와 무관하게 논쟁에서 이기기 위해 약한 논증을 그럴듯하게 포장하는 궤변술을 의미한다. 여기서 이스코마코스는 자신이 그런 궤변을 부릴 수 없다고 수사적 무능력을 토로하는데, 소크라테스는 다음 구절에서 그의 무능력을 윤리적 정직성으로 전환하여 치켜세운다. 사실상 이 대목에서 스승 소크라테스를 소피스트들과 구별하고 변호하려는 크세노폰의 의도도 엿볼 수 있다.

12장

관리인의 첫 번째 자질: 근면함에 대하어

내가 말했네. "이스코마코스여, 혹시 내가 떠나려는 당신을 붙잡 1
고 있었던 것은 아닙니까?"

"제우스께 맹세하건대 아닙니다." 이스코마코스가 대답했네.
"나는 시장이 완전히 파하기 전에는 떠나지 않을 것입니다."

"제우스께 맹세하건대 당신은 아름답고 좋은 사람이라는 명 2
성을 잃지 않으려고 무척 조심하시는군요." 내가 말했네. "지금
당신은 돌보아야 할 일이 많을 텐데도 어떤 이방인과 만날 약속
을 했다는 이유로 신뢰를 저버리지 않으려고 기다리고 있기 때
문입니다."

"하지만 소크라테스여, 그렇다고 해서 나는 돌보아야 할 일

을 소홀히 하지 않습니다. 나는 농장에 관리인들을 두고 있기 때문입니다." 이스코마코스가 말했네.

3   "이스코마코스여, 관리인이 필요할 때는 어떻게 하십니까?" 내가 물었네. "관리에 능숙한 사람을 찾아내 그 사람을 고용하려고 하십니까? 목수가 필요하면 목공에 능한 사람을 찾아서 데려오는 것처럼 말입니다. 아니면 관리인을 당신이 직접 교육해서 키워냅니까?"

4   "제우스께 맹세하건대 내가 직접 그들을 교육하고자 노력합니다, 소크라테스여. 내가 없을 때도 내 분신처럼 농장을 돌보게 하려면, 내가 아는 모든 것을 전수해줘야 하지 않겠습니까? 내가 내 일을 처리할 능력이 있다면, 당연히 그 방법도 남에게 가르칠 수 있을 테니 말입니다." 이스코마코스가 대답했네.

5   "그렇다면 당신을 대신해 제 몫을 해내려면, 무엇보다 당신과 당신 가족에게 진심 어린 애정을 갖고 있어야겠군요. 아무리 지식이 많아도 주인을 향한 호의가 없다면 무슨 소용이 있겠습니까?" 내가 말했네.

"제우스께 맹세하건대 아무 도움도 되지 않을 것입니다." 이스코마코스가 대답했네. "그래서 나와 내 가족에 대한 호의를 먼저 가르치려고 애씁니다."

6   "정말 궁금하군요." 내가 물었네. "당신은 관리인에게 어떻게 주인을 좋아하는 마음을 심어줍니까?"

"제우스께 맹세하건대 관대함으로 그 마음을 얻습니다." 이

 제3부 사업 경영론: 농장 경영을 통해 배우는 경영의 본질

스코마코스가 대답했네. "신이 우리에게 좋은 것을 넉넉히 주시는 방식과 다르지 않습니다."

"그러면 당신이 말하는 바는, 당신에게 은혜를 입은 사람들이 당신에게 호의를 품고 당신을 위해 무언가 좋은 일을 하려 한다는 것입니까?" 내가 말했네.

"소크라테스여, 이것이 호의를 얻는 가장 좋은 수단이라고 나는 생각합니다."

"하지만 이스코마코스여, 단순히 당신에게 호의를 가지고 있다는 사실만으로 관리인을 맡기기에는 불충분하지 않습니까?" 내가 말했네. "누구나 자기 자신을 사랑하고 좋은 것을 원하지만 정작 그것을 얻기 위해 부지런히 움직이는[52] 사람은 드물기 때문입니다. 당신도 잘 알지 않습니까?"

"제우스께 맹세하건대 내가 관리인들을 세우고자 할 때는 근면함도 그들에게 가르칩니다." 이스코마코스가 대답했네.

"신들에게 맹세하건대 어떻게 말입니까?" 내가 말했네. "나는 어떤 사람에게 근면함은 결코 가르칠 수 없다고 생각합니다."

"소크라테스여, 그 말이 맞습니다. 적어도 모든 사람에게 근

52　여기서 '부지런히 움직이다'로 번역한 '에피멜레이스타이'($\dot{\epsilon}\pi\iota\mu\epsilon\lambda\epsilon\tilde{\iota}\sigma\theta\alpha\iota$)는 '에피멜레이아'($\dot{\epsilon}\pi\iota\mu\dot{\epsilon}\lambda\epsilon\iota\alpha$)와 관련된 동사 형태다(2장 18절 참조). '주의력', '조심성'으로 이해되기도 하나 여기서는 목표를 향한 적극적인 노력이라는 뉘앙스가 있으므로 문맥에 따라서 '근면히 돌보다', '근면함' 등으로 옮겼다. 이는 크세노폰이 강조하는 실천적 경영 철학의 핵심—땀 흘리는 적극적 참여—을 반영한다고 볼 수 있다.

면함을 가르친다는 것은 불가능합니다." 그가 대답했네.

11 　"그렇다면 어떤 사람들에게 그것을 가르치는 것이 가능합니까? 그들이 누구인지 분명히 알려주십시오." 내가 말했네.

　"첫째로, 소크라테스여, 포도주를 절제하지 못하는 사람들은 근면하게 만들 수 없습니다. 취기는 마땅히 해야 할 일을 모두 망각하게 만들기 때문입니다." 이스코마코스가 대답했네.

12 　"그러면 포도주를 절제하지 못하는 사람만 근면함을 가질 수 없습니까, 아니면 다른 사람도 그러합니까?" 내가 말했네.

　"제우스께 맹세하건대 다른 사람도 있습니다. 잠을 절제하지 못하는 사람들도 근면한 사람이 될 수 없습니다. 자는 동안에는 해야 할 일을 할 수도 없고 다른 사람에게 시킬 수도 없기 때문입니다." 이스코마코스가 대답했네.

13 　"혹시 또 있습니까? 이 두 부류의 사람 외에도 근면함을 배우기 불가능한 사람이 더 있습니까?"

　"내가 보기에는 성적인 쾌락을 탐닉하는 사람들 역시 그것 말고는 다른 데 신경을 쓰지 못하기 때문에 근면함을 가르치기가 불가능합니다.

14 　그런 사람들에게는 애인을 돌보는 것이 가장 큰 기쁨이어서 그것을 넘어서는 희망이나 관심사를 찾기는 쉽지 않으며, 또한 해야만 하는 일이 있어 애인을 만날 수 없다는 것보다 가혹한 형벌도 없기 때문입니다. 그래서 나는 누군가가 이렇게 애인에게 빠져 있다는 걸 알게 되면, 관리인으로 삼을 생각은 아예 접

어버립니다."

"그러면 이득을 얻는 것에 열정적인 사람들은 어떻습니까? 15
그런 사람들도 농장 일들을 근면하게 돌보도록 교육하는 것이
불가능합니까?" 내가 말했네.

"제우스께 맹세하건대 아닙니다." 이스코마코스가 대답했네.
"결코 그렇지 않습니다. 오히려 그런 사람들은 근면함을 가르치
기가 수월합니다. 그들에게는 근면함이 이득이 된다는 것을 알
려주기만 하면 되기 때문입니다."

"그렇다면 다른 사람들에 대해서도 알려주십시오. 이를테 16
면 당신이 말하는 것을 절제하고, 이득도 적절히 사랑하는 사람
들에게 당신이 맡기려는 것을 근면하게 돌보도록 하려면 어떻게
가르쳐야 합니까?" 내가 말했네.

"아주 간단합니다, 소크라테스여." 그가 대답했네. "그들이
근면하게 돌볼 때는 칭찬하고 명예를 드높여주고, 태만하게 돌
볼 때는 따끔하게[53] 말해서 정신이 번쩍 들게 합니다."

"이스코마코스여, 이제 사람들에게 근면함을 가르치는 이야 17
기는 잠시 접어두고, 교육하는 사람에 대해 설명해주십시오. 만
약 어떤 사람이 스스로 태만한데도 다른 사람을 근면하게 만들

---

53 '따끔하게'로 번역한 '다크노'(δάκνω)는 '물다, 깨물다, 정신적으로 괴롭히다, 아프게
하다, 자극하다, 찌르다, 침식하다, 갉아먹다' 등의 의미를 지닌 단어다. 무엇인가 자
극이 되는 말과 행동을 해서 정신 차리게 한다는 뜻이다.

수 있습니까?" 내가 말했네.

18 　　"제우스께 맹세하건대 가능하지 않습니다. 음악적 소양이 없는 사람이 다른 사람에게 음악을 가르칠 수 없는 것이나 마찬가지입니다. 선생이 어떤 일을 잘못하는 모습을 보여주는데 제자들이 그 일을 잘하기란 어렵고 주인이 태만한데 그 하인이 근면하게 되기는 어렵기 때문입니다." 이스코마코스가 대답했네.

19 　　"간단히 말하면, 나는 형편없는 주인 아래 쓸 만한 가노들이 있는 경우를 본 적이 있습니다. 반대로 훌륭한 주인 아래 형편없는 가노들이 있는 경우도 보았습니다. 물론 이런 경우에 가노는 처벌받아야 했지만 말입니다. 누군가를 근면하게 만들려는 사람에게는 그 사람들을 감독하고 조사할 능력이 있어야만 합니다. 어떤 일을 잘한 경우에는 그 일을 맡은 사람에게 상으로 기꺼이 보답해야 하지만 태만하여 일을 망친 경우에는 적절한 벌을 내리는 데 거리낌이 없어야 합니다."

20 　　이스코마코스는 계속해서 말했네. "나는 이민족의 다음과 같은 답변도 훌륭하다고 생각합니다. 페르시아인의 왕이 좋은 말을 얻어 가급적 빨리 말을 살찌우고 싶었습니다. 그래서 말을 가장 잘 안다고 알려진 사람에게 말을 가장 빨리 살찌우는 방법을 물었는데, 그가 '주인의 눈'이라고 대답했다고 합니다. 소크라테스여, 마찬가지로 나는 다른 모든 일에서도 '주인의 눈'이 아름답고 좋은 것들을 가장 잘 만들어낸다고 생각합니다."

13장

관리인의 두 번째 자질: 일꾼 관리에 대하여

"관리인에게 당신이 원하는 바를 근면하게 돌보아야 한다는 것 [1]
을 분명히 심어주면, 그 사람은 관리인이 되기에 충분합니까? 아
니면 그가 관리인이 되려면 무언가를 더 배워야 합니까?" 내가
말했네.

"제우스께 맹세하건대 아직 더 배워야만 합니다. 그는 자신 [2]
이 무슨 일을 해야 하고, 그것을 언제 어떻게 해야 하는지 알아
야 합니다. 이것을 모르면 무슨 소용이겠습니까? 마치 의사가 아
픈 환자를 아침저녁으로 돌보지만 정작 환자에게 무엇이 유익한
지 모르는 것과 다를 바 없습니다. 그렇지 않습니까?" 이스코마
코스가 대답했네.

3   "만약 그 관리인이 해야 하는 일을 어떻게 해야 하는지도 배웠다면 그래도 아직 무엇인가가 더 필요합니까, 아니면 그는 당신이 보기에 온전한 관리인이 되었습니까?" 내가 말했네.

"그는 아직도 일하는 사람들을 다스리는 법을 배워야 한다고 나는 생각합니다." 그가 대답했네.

4   "그렇다면 당신은 관리인들이 일하는 사람들을 잘 다스리도록 교육하십니까?" 내가 물었네.

"나름대로 노력하고 있습니다." 이스코마코스가 대답했네.

"진정으로 묻고자 합니다. 당신은 관리인들이 일하는 사람들을 잘 다스리도록 어떻게 교육하십니까?" 내가 물었네.

"지극히 단순하고 평범한 방법을 사용해 교육합니다, 소크라테스여. 그래서 당신이 들으면 비웃을지도 모르겠습니다." 그가 말했네.

5   "이스코마코스여, 결코 비웃을 일이 아닙니다. 다른 사람을 다스리는 자로 만들 수 있다면 마찬가지로 다른 사람을 가르쳐서 주인으로 만들 수도 있고, 주인으로 만들 수 있다면 왕으로도 만들 수 있기 때문입니다. 그러므로 그는 비웃음이 아니라 커다란 찬사를 받아 마땅하다고 생각합니다." 내가 말했네.

6   "그렇다면 소크라테스여, 말씀드리지요." 그가 말했네. "짐승은 흔히 두 가지 원칙으로 길들여집니다. 말을 안 들으면 벌을 받고, 말을 잘 들으면 보상을 받는 것이지요.

7   망아지들은 조련사에게 복종할 때 즐거움을 얻지만 조련사

    제3부 사업 경영론: 농장 경영을 통해 배우는 경영의 본질

에게 불복종할 때는 복종할 때까지 불편함을 겪습니다.

강아지는 지능과 언어 능력에서 사람보다 훨씬 열등하지만 8
정해진 대로를 달리거나 공중에서 재주를 넘는 따위의 많은 일
을 앞서 설명한 방식대로 배웁니다. 복종할 때는 필요한 것을 얻
고, 태만할 때는 벌을 받기 때문입니다.

하지만 사람은 말만으로도 복종시킬 수 있습니다. 따르는 9
것이 이득임을 설득하면 되니까요. 물론 노예들에게는 짐승에게
쓰는 방식도 꽤 효과적입니다. 배를 채워주는 것만으로도 많은
것을 얻어낼 수 있지요. 반면 명예를 좋아하는 사람들은 칭찬으
로 자극합니다. 굶주린 자가 음식이나 술을 찾듯, 어떤 사람들은
본성적으로 칭찬에 굶주려 있기 때문입니다.

나는 이상의 원칙을 직접 실행하면서 사람들을 더 잘 복종 10
하게 합니다. 관리인에게도 이런 것을 가르쳐줍니다. 나아가 나
는 관리인을 돕기도 합니다. 일꾼에게 제공하는 옷과 신발을 모
두 똑같이 만들지 않고, 어떤 것은 조악하게 또 어떤 것은 좋게
만듭니다. 이렇게 해서 일 잘하는 일꾼에게는 좋은 것을 주어 보
상하고 일 못하는 일꾼에게는 나쁜 것을 줍니다.

소크라테스여, 묵묵히 제 몫을 다하는 훌륭한 일꾼이 가장 11
낙담할 때가 언제인지 아십니까? 자기 일을 다 해내고도, 힘든
일은 요리조리 피하기만 하는 게으름뱅이와 똑같은 대우를 받을
때입니다.

그러므로 성과가 다른데 대우가 같다면 그것이 어떤 식이든 12

부적절하며, 나 자신도 그렇게 생각합니다. 그래서 관리인들이 일을 아주 잘하는 사람에게 가장 좋은 것을 주었을 때는 칭찬합니다. 하지만 누군가가 아첨을 떤다거나 별 도움도 안 되면서 호의를 샀다는 이유만으로 관리인들에게 우대받는 것을 보면 그때는 그냥 넘어가지 않고 관리인을 불러서 꾸짖습니다. 그런 다음, 소크라테스여, 나는 그 관리인에게 일러주기를 그렇게 하는 것은 자신한테도 아무런 이득이 되지 않는다고 가르쳐줍니다."

14장

관리인의 세 번째 자질: 정의로움에 대하여

내가 말했네. "이스코마코스여, 관리인이 일꾼들을 다스릴 능력 1
을 갖추어 자신에게 복종시킬 수 있게 되었다면 이제 당신은 그
가 온전한 관리인이 되었다고 여깁니까? 아니면 당신이 이런 능
력을 모두 갖추고도 더 필요한 게 있습니까?"

"제우스께 맹세하건대 더 필요합니다. 관리인은 주인의 물 2
건을 삼가고 훔치지 않아야 합니다. 만약 관리인이 수확물을 제
멋대로 탕진해서 이익을 한 푼도 남기지 않는다면 그런 사람에
게 어떻게 농사일을 맡기겠습니까?" 이스코마코스가 대답했네.

"그러면 관리인에게 정의로움을 가르치는 일도 당신이 맡습 3
니까?"

"물론입니다." 이스코마코스가 대답했네. "하지만 나는 모든 사람이 이 가르침을 따르는 게 쉽지 않음을 발견했습니다.

4 그럼에도 나는 드라콘의 법[54]과 솔론의 법[55] 중에서 각각 일부를 가져와서 가노들을 정의로 이끕니다. 나는 드라콘과 솔론이 정의로움을 교육하려고 그 많은 법을 제정했다고 생각하기 때문입니다.

5 이 법률에서는 도둑질을 하면 벌금을 매기고, 훔치다가 현행범으로 붙잡히면 투옥하며, 저항하는 자는 사형에 처하도록 규정되어 있습니다. 불의한 자들이 부당한 이득을 취하지 못하게 하려고 이런 법을 제정하였음이 분명합니다.

6 나는 이런 법에서 일부를, 또 페르시아 왕들의 법[56] 가운데

---

54 '드라콘'은 기원전 621년경에 활동한 아테네의 최초의 성문법 제정자다. 귀족과 평민 사이의 갈등, 부채 노예 문제 등 사회적 긴장이 고조되는 중 기존의 구전 전통과 관습법이 자의적으로 해석되는 문제가 발생하여 법의 성문화에 대한 평민의 요구가 높아졌다. '드라콘의 법들'은 극도로 엄격한 처벌 규정으로 유명했는데 과일 절도나 가축을 훔친 것 같은 경미한 범죄에도 사형을 선고했고, 게으름이나 무위도식에 대해서도 처벌했다.

55 '솔론'(기원전 약 638-558년)은 아테네의 마지막 왕 코드로스의 후손으로 전해진다. 기원전 593년에 집정관으로 선출된 뒤 기존의 엄격한 드라콘의 법들을 거의 다 폐지하고 중도적인 법들을 제정했다. 이후 그의 사후에 참주정이 시작되었지만 그의 법들은 그대로 유지되었다. '솔론의 법들'은 법치주의를 확립하고 귀족들의 특권을 제한하고 시민들의 정치 참여를 대폭 늘림으로써(400인 평의회, 민중 법정), 이후 클레이스테네스(기원전 약 570-508년)와 페리클레스(기원전 약 495-429년) 시대에 민주주의가 꽃필 수 있는 토대를 마련했다.

56 그리스어 원문에는 '페르시아'가 없지만 맥락상 추가했다. 여기서 '왕들'은 페르시아의 여러 왕을 가리킨다.

일부를 가져와 가노들이 각자 맡은 일을 정의롭게 행하도록 돌봅니다.

드라콘과 솔론이 제정한 법들은 단순히 죄를 지은 자들에 7
대한 형벌만을 정하고 있지만 페르시아인 왕들이 제정한 법은 불의한 자를 처벌할 뿐만 아니라 정의로운 자에게는 이득을 주도록 정했기 때문입니다. 그래서 정의로운 사람이 불의한 사람보다 더 부유해지는 것을 보고, 이득을 추구하는 성향을 지닌 사람도 불의하게 행동하지 않으려고 애쓰게 됩니다.

하지만 어떤 사람이 충분히 좋은 대우를 받으면서도 여전히 8
불의를 행한다는 것을 알게 되면 그들은 고칠 수 없을 정도로 탐욕덩어리임이 분명하므로 나는 그들을 고용하지 않습니다.

반대로 많은 이득을 얻으려고 정의를 행하는 게 아니라 나 9
에게 칭찬을 받으려고 정의를 행한다는 것을 알게 되면 나는 그들을 자유민과 다름없이 대하고, 부자로 만들어줄 뿐 아니라 아름답고 좋은 사람으로 여겨 존중합니다.

명예를 좇는 사람과 이익만 좇는 사람은 차원이 다릅니다. 10
명예와 칭송을 얻으려는 사람은, 필요하다면 기꺼이 고생을 자처하고 위험을 무릅쓰며 눈앞의 부당한 이득을 거절할 줄 알기 때문입니다."

15장

농업의 기술에 대하여

I "당신은 주인으로서 관리인에게 좋은 것을 행하려는 마음을 심어주었습니다." 내가 말했네. "나아가, 그런 좋은 것을 당신을 위해 달성하려는 마음을 심어주었으며, 각각의 일을 행할 때 어떻게 해야 큰 이득을 얻을 수 있을지 지식도 갖추도록 하였습니다. 또한 관리인에게 일꾼을 다스릴 능력을 갖추게 했고, 풍성한 수확을 거두면 마치 자기 일인 양 기뻐하도록 하였습니다. 이외에 관리인에게 무슨 능력이 더 필요하겠습니까? 내가 보기에 그는 이미 아주 쓸모 있는 관리인입니다. 하지만 이스코마코스여, 당신에게 여전히 한 가지가 궁금합니다. 우리가 논의 과정에서 슬그머니 넘어간 것이기도 하지요."

“어떤 것입니까?” 이스코마코스가 물었네. 2

“당신은 분명 실무를 아는 것이 가장 중요하다고 했습니다. 일을 어떻게 처리해야 하는지 모른다면 제아무리 부지런해도 아무런 이득도 없다고 당신은 말했지요.”

“소크라테스여, 당신은 내가 농업 기술 자체를 가르쳐주기 3를 원하는 것입니까?” 이스코마코스가 말했네.

“그렇습니다. 그 기술을 아는 자는 부유해지지만 모르는 자는 뼈 빠지게 고생하고도 가난을 면치 못할 테니까요.” 내가 말했네.

“그렇다면 소크라테스여, 이제 당신은 농업 기술이 얼마나 4자비로운지 알게 될 것입니다. 가장 이로우면서 일하기에도 즐겁고 가장 아름다울 뿐 아니라 신과 사람들에게 가장 사랑받고 배우기도 쉬운 것을 어떻게 고귀하다 하지 않을 수 있겠습니까? 실상 동물도 마찬가지입니다. 아름답고 크고 이로울 뿐만 아니라 사람에게 온순한 동물을 우리는 고귀하다고 말합니다.” 그가 말했네.

내가 말했네. “이스코마코스여, 나는 관리인에게 무엇을 가 5르쳐야 하는지 충분히 배웠다고 생각합니다. 당신은 관리인이 주인에게 호의를 갖게 하려면 어떻게 해야 하는지, 또 관리인 스스로 근면하고 일꾼을 다스리며 정의로운 사람이 되게 하려면 어떻게 해야 하는지 알려주었습니다.

농업을 올바르게 돌보려는 사람은 무엇을 어떻게 해야 하 6

고, 각각의 일을 언제 해야 하는지를 배워야 한다고 당신은 말했습니다. 그러나 우리는 다소 피상적으로 훑어보기만 한 것 같습니다.

7   당신은 마치 '누군가의 말을 받아쓰거나 적혀 있는 글을 읽으려면 먼저 글자를 깨쳐야 한다'라고 말한 것이나 다름없습니다. 저는 당신의 말을 듣고 글자를 깨쳐야 한다는 사실은 알았지만 그 사실을 안다고 해서 실제로 모르던 글자를 알게 된 것은 아닙니다.

8   우리의 논의도 마찬가지입니다. 당신이 농업을 올바르게 돌보려는 사람은 농업을 알아야 한다고 말했으므로 나는 농업의 중요성을 알았습니다. 하지만 내가 그 사실을 깨달았다고 해서 어떻게 농사를 지어야 하는지를 알게 된 것은 아닙니다.

9   지금 당장 농사를 짓는다면, 나는 환자를 보러 다니면서 정작 처방은 하나도 할 줄 모르는 돌팔이 의사 꼴이 될 겁니다. 그러니 내가 그런 꼴을 당하지 않도록, 농사의 구체적인 기술을 가르쳐주십시오."

10   "그러나 소크라테스여, 농업은 여타 기술과 달리 배우기가 그렇게 어렵지 않습니다." 이스코마코스가 대답했네. "다른 기술의 경우 배우는 사람이 그 기술로 먹고살게 되기까지는 시간이 오래 걸립니다. 하지만 농업은 그렇지 않습니다. 개중 어떤 일은 농사하는 사람들을 어깨너머로 지켜보기만 해도 알 수 있고, 또 어떤 일은 건네주는 말만 들어도 곧장 알 수 있어서 원한다면 다

른 사람을 가르칠 수 있을 정도입니다. 그리고 어쩌면 당신은 이미 자신도 모르는 사이에 농업에 관한 많은 것을 알고 있을지도 모릅니다.

다른 장인들은 자기 기술의 핵심을 숨기려 애쓰지만, 농부 11 는 다릅니다. 식물을 잘 심는 농부는 누군가 자기를 지켜보면 오히려 기뻐합니다. 씨를 잘 뿌리는 사람도 마찬가지지요. 농부에게 비결을 물으면 그는 아무것도 숨기지 않고 당신에게 털어놓을 것입니다.

소크라테스여, 이처럼 농업은 농업에 종사하는 사람의 성품 12 을 고귀하게 만드는 듯합니다."

"훌륭한 서론이군요." 내가 말했네. "듣는 사람으로서는 본론 13 이 궁금해집니다. 당신은 농업을 배우기 쉽다고 하였으니, 저는 당신이 더욱 자세히 설명해주면 좋겠습니다. 당신에게는 쉬운 것이기에 나에게 가르쳐준다고 해도 전혀 부끄러울 일은 아니며 오히려 내가 그 쉬운 것도 모른다는 사실이야말로 부끄러운 일이기 때문입니다. 더구나 그토록 유용한 기술이라면 말입니다."

16장

토양의 본성에 대하여

1 "소크라테스여, 먼저 당신에게 분명히 하고자 합니다. 실제 농사를 지어보지 않은 사람들이 글로는 농업을 아주 정확히 설명하는 듯하지만 그들이 복잡하다고 말하는 농사일은 전혀 어렵지 않다는 것입니다.

2 그들은 올바르게 농사를 지으려면 먼저 땅의 본성을 알아야 한다고 말합니다." 이스코마코스가 말했네.

"그 말은 옳습니다. 왜냐하면 땅이 무엇을 길러낼 수 있을지 모르는 사람은 무슨 씨앗을 뿌려야 하는지, 무엇을 심어야 하는지도 모르기 때문입니다." 내가 말했네.

3 "그렇다면 다른 사람의 땅에서 기르는 과실과 나무를 살펴

 제3부 사업 경영론: 농장 경영을 통해 배우는 경영의 본질

보면서 그 땅이 무엇을 길러낼 수 있고, 길러낼 수 없는지 살펴보면 됩니다. 이때 신에게 맞서는 것은 이롭지 않습니다. 수확물을 많이 얻으려면 자신이 원하는 것을 뿌리고 심기보다는 땅이 기꺼이 길러내기를 바라는 것을 심어야 하기 때문입니다.

만약 어떤 땅의 소유자가 게을러서 그 땅의 잠재성이 충분 4
히 발휘되지 않고 있다면 이웃에게 묻기보다는 이웃의 땅을 직접 살펴봄으로써 그 땅에 관한 진실을 알 수 있습니다.

심지어 버려진 땅조차 본성을 드러내는 법입니다. 잡초가 5
무성하게 잘 자라는 땅이라면 제대로 갈아엎고 가꾸기만 하면 작물도 훌륭하게 키워낼 수 있기 때문입니다. 이렇게 해서 농업에 그다지 경험이 없는 사람들도 땅의 본성을 파악할 수 있습니다.” 이스코마코스가 말했네.

“이스코마코스여, 말씀하신 바를 충분히 이해하였습니다. 이 6
제는 땅의 본성을 알지 못한다는 이유로 농업을 두려워하며 멀리하지는 않을 것입니다. 저는 뱃사람을 떠올리고는 합니다. 바 7
다에서 일하는 그들은 굳이 멈추어 서서 살피거나 속도를 늦추지 않고도, 경작지를 스쳐 지나가며 농작물만 보고 어떤 땅이 비옥한지, 어떤 땅이 메마른지를 주저 없이 판단합니다. 어떤 땅은 칭송하고, 어떤 땅은 비판하지요. 실제로 내가 살펴본 바로는 그들의 판단은 농업에 숙련된 자들의 견해와 그리 다르지 않습니다.” 내가 말했네.

“그러면 소크라테스여, 내가 당신에게 농업을 어디서부터 8

다시 일깨워드려야 할까요? 앞으로 제가 말하려는 내용은 대부분 당신이 이미 아는 것일 텐데 말입니다."[57] 그가 말했네.

9 　 "이스코마코스여, 저는 본질을 탐구하는 철학자로서 내가 원한다면 기꺼이 땅을 경작하여 가장 많은 보리와 밀을 얻을 방법을 알고자 합니다."

10 　 "당신은 씨를 뿌리기 위해서는 먼저 휴경지를 갈아 땅을 준비해야 한다는 것을 알고 있지 않습니까?" 그가 말했네.

11 　 "알고 있습니다."

"그렇다면 만약 우리가 겨울에 땅을 간다면 어떨 것 같습니까?" 그가 물었네.

"땅이 진흙탕이 될 것입니다." 내가 대답했네.

"그렇다면 여름에 땅을 가는 것은 어떻게 생각하십니까?"

"멍에를 멘 짐승이 움직이기에는 땅이 단단할 것입니다."

12 　 "그렇다면 일은 봄에 시작해야겠군요." 그가 말했네.

"그렇게 하는 것이 합당합니다. 봄에 갈아엎으면 땅이 가장 잘 풀어질 것이기 때문입니다" 내가 말했네.

"그리고 소크라테스여, 봄에 흙을 뒤집으면 잡초는 묻혀서 거름이 되고, 아직 씨를 맺지 않았으니 다시 자라날 걱정도 없습

57 　 이스코마코스는 소크라테스가 이미 익히 보아 알고 있는 농사의 지식을 '다시 한번 상기시킨다'는 뉘앙스로 말한다. 크세노폰은 이 대목에서 농업이 지켜보기만 해도 배울 수 있는, 직관적이면서도 배우기 쉬운 기술임을 강조한다.

　 제3부 사업 경영론: 농장 경영을 통해 배우는 경영의 본질

니다." 그가 말했네. "또한 당신은 알고 있을 테지요. 휴경지가 좋 13 으려면 잡초를 제거해야 하고, 땅속에 있는 흙까지 햇볕에 충분히 그을려야 한다는 것 말입니다."

"물론입니다. 나도 그렇게 해야 한다고 생각합니다." 내가 말했네.

"무엇보다 땅을 그렇게 만들려면 여름에 땅을 최대한 자주 14 갈아엎는 것보다 더 좋은 방법이 있다고 보십니까?"

"그 방법 말고는 없습니다." 내가 말했네. "잡초를 뿌리째 뽑아 말려 죽이고 흙을 햇볕에 바짝 구우려면 부지런히 쟁기질하는 수밖에 없지요."

"사람들이 땅을 갈아엎어서 휴경지를 만들 때도 마찬가지로 15 잡초를 뿌리 뽑아야 한다는 것은 분명하지 않겠습니까?"

"그리고 잡초는 지표면에 던져 마르게 내버려두고 땅은 갈아엎어서 속에 있는 흙까지 그을려야 합니다." 내가 말했네.

17장

파종 시기와 그 방법에 대하여

1 이스코마코스가 말했네. "소크라테스여, 휴경지에 관하여 우리는 합의에 이르렀고, 앞서 논의한 방법이 최선인 듯합니다."

"그런 것 같습니다." 내가 말했네.

"소크라테스여, 씨 뿌리기 좋은 철에 관하여 말해보지요. 과거부터 지금까지 모든 사람이 경험으로 터득한 바로 그 계절 외에 달리 좋은 때가 있습니까?

2 가을이 다가오면 모든 이가 신을 바라보는데, 이는 언제 신이 비를 내리셔서 땅을 적시고 언제 씨를 뿌리라고 허락하실지 알기 위함입니다." 그가 말했네.

"이스코마코스여, 정말로 그렇습니다. 마른 땅에 제멋대로 씨를 뿌리려는 사람은 아무도 없습니다. 신이 명하기도 전에 씨를 뿌린 자들이 무수한 난관을 겪었음은 자명하기 때문입니다." 내가 말했네.

"그렇다면 이 문제에 관해서는 모든 사람이 동의한 것이나 3 마찬가지겠군요."이스코마코스가 말했네.

"신이 가르쳐주시는 문제에 관하여서는 모두 이견이 없습니다. 예컨대 겨울에는 가능한 한 옷을 두껍게 입는 것이 바람직하고, 장작불을 때는 게 낫다는 걸 누구나 아는 것처럼 말입니다." 내가 말했네.

"그러나 소크라테스여, 씨 뿌리기 좋은 계절에 관해서는 모 4 든 사람의 의견이 일치하지만 계절 안에서도 언제 씨를 뿌려야 가장 좋을지는 사람마다 의견이 서로 다릅니다. 즉 이른 시기에 씨를 뿌리는 것이 좋을지, 중간 시기에 씨를 뿌리는 것이 좋을지, 아니면 늦은 시기가 가장 좋을지를 두고서 말입니다."

"하지만 신은 모든 해를 균일하게 이끌어가지 않습니다. 따라서 어떤 해에는 이른 시기가 가장 좋고 어떤 해에는 중간 시기가, 또 어떤 해에는 늦은 시기가 가장 좋습니다."내가 말했네.

"그렇다면 소크라테스여, 당신은 앞선 세 시기 중 하나를 선 5 택해서 많든 적든 씨를 뿌리겠습니까, 아니면 가장 이른 시기부터 시작해서 가장 늦은 시기까지 계속 씨를 뿌리겠습니까?"이스코마코스가 물었네.

"이스코마코스여, 내 생각에는 파종기 내내 계속 씨를 뿌리 6

는 것이 가장 좋을 것 같습니다. 어떤 때는 곡식을 아주 많이 얻고, 어떤 때는 부족하게 얻기보다는 항상 충분한 곡식을 안정적으로 얻는 것이 훨씬 좋다고 생각하기 때문입니다." 내가 말했네.

"소크라테스여, 여기서도 당신과 나의 견해는 일치합니다. 배우는 자인 당신은 가르치는 자인 나와 같은 견해를 가지고 있습니다. 심지어 당신이 나보다 먼저 견해를 피력했습니다." 이스코마코스가 말했네.

7 "그런데 씨뿌리기가 복잡한 기술입니까?" 내가 물었네.

"소크라테스여, 씨 뿌리는 기술도 살펴봅시다. 씨를 손으로 뿌려야 한다는 것은 당신도 아마 알고 있을 것입니다." 그가 말했네.

"다른 사람들이 씨 뿌리는 것을 봐서 알고 있습니다."

"하지만 어떤 사람들은 균일하게 씨를 뿌릴 수 있지만 다른 사람들은 그렇지 않습니다." 그가 말했네.

"그렇다면 씨를 뿌리는 데도 연습이 필요하겠군요. 마치 키타라 연주자들이 손을 자유자재로 움직일 수 있도록 연습하는 것처럼 말입니다." 내가 말했네.

8 "물론입니다. 그런데 만약 한쪽 땅은 가볍고, 다른 쪽 땅은 무겁다면 어떻겠습니까?" 그가 말했네.

"그것이 무슨 말씀입니까? 가벼운 땅은 지력(地力)이 약하다는 것을 의미하고, 무거운 땅은 지력이 강하다는 것을 의미합니까?"[58] 내가 말했네.

"그렇습니다. 나아가 당신에게 묻고자 합니다. 당신은 각각 의 땅에 같은 양의 씨를 뿌리겠습니까, 아니면 어느 한쪽에 씨를 더 많이 뿌리겠습니까?" 그가 말했네.

"독한 포도주에는 물을 많이 붓는 법입니다. 그리고 누군가 에게 짐을 나르게 할 경우 힘이 센 사람에게 무거운 짐을 맡겨야 한다고 나는 생각합니다. 또한 만약 누군가를 부양해야 한다면 더 능력 있는 사람에게 많은 이를 부양하라고 지시할 것입니다. 그러나 궁금한 점이 있습니다. 멍에를 멘 짐승들이 일을 많이 할 수록 강해지는 것처럼 지력이 약한 땅도 씨를 많이 뿌리면 강해 지는 것인지 제게 가르쳐주십시오." 내가 대답했네.

이스코마코스가 웃으며 말했네. "소크라테스여, 당신은 지금 농담하고 계시는군요. 잘 알아두십시오. 만약 당신이 땅에 씨를 뿌린 뒤, 땅이 하늘로부터 충분한 영양을 공급받아 씨앗에서 새 싹이 나온 때에 땅을 갈아엎으면 그것은 땅에 양식이 되고 마치 거름을 친 것처럼 지력이 강해집니다. 하지만 그 씨앗이 자라 열 매 맺을 때까지 둔다면, 약한 땅이 감당할 수 있겠습니까? 비실

58　고대 그리스 농업에서 '가벼운(λεπτοτέρα) 땅'은 척박한 토양을, '무거운(παχυτέρα) 땅' 은 비옥한 토양을 가리킨다. 이는 토양의 물리적 질감과 비옥도를 동시에 지칭하는 단어로, 현대 토양학의 토성(土性)과 지력(地力) 개념을 떠올리게 한다. 소크라테스 는 가벼움과 무거움이라는 물리적 속성을 약함과 강함이라는 능력 개념으로 전환하 고 있지만, 이후 절에서 짐승이 단련할수록 더욱 강해지는 것과 달리 땅은 고갈될 수 있음을 시사하면서 농사술만의 특수성을 시사한다.

비실한 암퇘지가 통통한 새끼들을 잔뜩 낳아 기르기 힘든 것과 마찬가지입니다."

11 　"그렇다면 이스코마코스여, 당신은 지력이 약한 땅에는 적은 양의 씨를 뿌려야 한다고 말하는 것입니까?"

"네. 제우스께 맹세하건대 그렇습니다." 그가 대답했네. "소크라테스여, 당신도 사실 동의하고 계시지 않습니까? 약한 사람에게는 일을 더 적게 시켜야 한다고 당신이 말했기 때문입니다."

12 　"그런데 이스코마코스여, 당신은 무슨 이유로 호미질하는 사람들을 작물을 심은 곳에 들여보냅니까?"

"겨울에 큰비가 내린다는 것은 당신도 분명히 알고 있을 것입니다." 이스코마코스가 대답했네.

"어떻게 모르겠습니까?" 내가 말했네.

"그렇다면 큰비가 내려서 작물이 진흙을 뒤집어쓰고, 물살 때문에 그 뿌리가 드러났다고 가정해봅시다. 또한 비가 오면 작물과 함께 잡초가 자라나서 작물을 질식시킵니다."

"모두 충분히 일어날 법한 일입니다." 내가 말했네.

13 　"그렇다면 그런 경우에 당신은 작물에게 어떤 도움을 줘야 하지 않겠습니까?"

"물론입니다." 내가 대답했네.

"그러면 당신은 작물이 진흙에 뒤덮이면 어떻게 해야 한다고 생각하십니까?"

"진흙을 털어내야겠지요." 내가 대답했네.

"그러면 뿌리가 지표면으로 드러난 작물은 어떻게 해야 합니까?" 그가 물었네.

"그 주변에 흙을 다시 쌓아올려야 합니다." 내가 대답했네.

"게다가 잡초가 작물과 뒤엉켜 자라면서 숨통을 조인다면 [14] 어떻겠습니까? 마치 게으른 수벌이 일벌들이 모아둔 꿀을 축내는 것처럼 잡초가 작물의 영양분을 가로챈다면 말입니다." 그가 물었네.

"제우스께 맹세하건대 잡초를 제거해야 합니다. 마치 수벌들을 벌집에서 쫓아내는 것처럼 말입니다." 내가 대답했네.

"그렇다면 이제 우리가 호미질하는 사람들을 작물을 심은 [15] 곳에 들여보내는 이유를 이해하겠습니까?" 그가 물었네.

"물론입니다. 그런데 이스코마코스여, 나는 적절한 비유를 제시하는 것이 얼마나 효과적인지를 이제 알겠습니다. 당신이 수벌에 빗대어 말했을 때 잡초에 관한 경계심이 확 커졌습니다. 잡초를 직접 설명했을 때보다 말입니다." 내가 대답했네.

18장

수확에 대하어

I "이런 일들이 끝나면 수확하기 적절한 때가 오겠군요. 수확에 관하여 당신이 알고 있는 것이 있다면 제게 가르쳐주십시오." 내가 말했네.

"당신도 수확에 관하여 이미 나만큼 알고 있을 텐데요. 다 익은 곡식을 베어야 한다는 것을 당신도 알 것입니다." 그가 말했네.

"어떻게 모르겠습니까?"

"그렇다면 당신은 바람을 등지고 서서 곡식을 베겠습니까, 아니면 바람을 마주하고 서서 곡식을 베겠습니까?" 그가 물었네.

"바람을 마주하고 곡식을 베지는 않을 것입니다. 겨나 껍질,

꺼끄러기가 온통 얼굴로 날아와 손과 눈이 괴로울 것이기 때문입니다." 내가 대답했네.

"당신은 곡식을 벨 때 위쪽을 베겠습니까, 아니면 땅 가까운 쪽을 베겠습니까?" 그가 물었네. 2

"만약 작물의 줄기가 짧다면 나는 아래쪽을 벨 것입니다. 그렇게 해야 밀짚이 충분히 나오게 될 것이기 때문입니다. 그러나 만약 작물의 줄기가 길다면, 나는 중간쯤을 베는 것이 옳다고 생각합니다. 그렇게 해야 타작하는 사람들이나 키질하는 사람들이 쓸데없는 일을 하느라 고생하지 않을 것이기 때문입니다. 그리고 밀짚 중에서 베고 나서 땅에 남겨진 것을 불에 태우면 토양에 도움이 될 것이고, 거름 더미에 넣으면 거름이 늘어날 것이라고 생각합니다." 내가 대답했네.

"소크라테스여, 이제 탄로가 났군요. 당신은 수확에 관하여 내가 아는 것 못지않게 정통하다는 것이 이렇게 드러났습니다." 3

"그런 것 같습니다. 하지만 내가 타작에 대해서도 알고 있는지 살펴보고자 합니다." 내가 말했네.

"그렇다면 당신은 멍에를 메는 짐승들로 곡식을 타작한다는 것을 알고 계십니까?" 그가 물었네.

"어떻게 모르겠습니까? 그리고 소, 노새, 말을 멍에를 메는 짐승들이라고 부른다는 것도 알고 있습니다." 내가 대답했네. 4

"그렇다면 당신은 짐승들이 그저 몰려다니며 곡식을 밟고 다니면 된다고 생각하십니까?"

"짐승들에게 그 밖에 무엇을 더 기대하겠습니까?" 내가 대답했네.

5   "그렇다면 소크라테스여, 곡식을 어떻게 타작할 것이며, 타작마당을 어떻게 고를 것인지는 누구에게 달려 있습니까?" 그가 물었네.

"당연히 타작하는 사람들에게 달려 있습니다. 그들이 곡식단을 부지런히 뒤집어 짐승들 발밑에 골고루 밀어 넣어줘야 타작이 고르게 이루어지고 일도 빨리 끝날 테니 말입니다." 내가 대답했네.

"당신은 이런 일들에 관하여 나만큼이나 잘 알고 있군요." 그가 말했네.

6   "그렇다면 이스코마코스여, 타작한 후에 우리가 할 일은 곡식을 키질하여 깨끗하게 걸러내는 일일 것입니다." 내가 말했네.

"소크라테스여, 말해보십시오. 만약 당신이 바람이 불어오는 곳에 서서 키질을 한다면 겨가 타작마당 전체에 떨어진다는 사실을 당신도 알고 계십니까?" 이스코마코스가 물었네.

내가 대답했네. "그것은 당연한 일입니다."

7   "그렇다면 당연히 그 겨들이 곡식 위에 떨어지지 않겠습니까?" 그가 물었네.

"그렇습니다. 겨가 곡식을 넘어, 타작마당의 빈터까지 날아간다는 것은 쉽지 않은 일입니다." 내가 대답했네.

"그렇다면 바람을 옆으로 받거나 비스듬히 서서 키질을 하면 어떻게 되겠습니까?"

내가 대답했네. "분명히 겨는 겨를 쌓아두는 곳으로 정확히 떨어지게 될 것입니다."

"키질을 해서 깨끗하게 걸러낸 곡식이 타작마당의 절반 정 8 도가 찼을 때 곡식이 그대로 펼쳐진 상태에서 곧바로 나머지를 키질하겠습니까, 아니면 깨끗하게 걸러진 곡식을 중앙[59]에 따로 모아놓은 다음에 계속 키질하겠습니까?" 그가 물었네.

"제우스께 맹세하건대 깨끗하게 걸러낸 곡식을 모은 후에 다시 키질을 계속하겠습니다. 그렇게 해야 겨가 타작마당의 빈 터로 날아가고, 같은 곡식을 두 번 키질하지 않아도 되기 때문입니다." 내가 대답했네.

"소크라테스여, 그렇다면 당신은 곡식을 가장 깨끗하게 걸 9 러내는 방법을 다른 사람에게도 가르칠 수 있을 것입니다." 그가 말했네.

"내가 이런 것을 알고 있다는 사실을 미처 모르고 있었습니다. 오래전부터 나는 생각했습니다. 이제껏 내가 금세공술과 피리 연주와 그림 그리는 기술을 모르는 줄 알았는데, 실제로는 알고 있었던 것은 아닐까 하고 말입니다. 아무도 가르쳐주지 않았지만 농사짓는 모습을 지켜보며 깨우쳤듯이 다른 기술들도 눈여

<hr>

59 타작마당은 일반적으로 원형으로 되어 있었고, 바람이 불어오는 쪽과 바람이 나가
    는 쪽을 적절히 고려해서 키질을 했다.

겨보았으니 말입니다."

"내가 전에 당신에게 말하지 않았습니까? 농업술은 살펴보는 것만으로도 쉽게 익힐 수 있다는 면에서 가장 고귀한 기술이라고 말입니다." 이스코마코스가 말했네.

"충분히 알았습니다, 이스코마코스여. 나는 씨 뿌리는 일을 익히 보아 알고 있었으면서도 내가 알고 있다는 사실을 모르고 있었던 것이군요." 내가 말했네.

19장

과실수에 대하여

"그렇다면 과실수들[60]을 심는 것도 농업 기술의 일부입니까?" 내가 물었네.

"물론 그렇습니다." 이스코마코스가 대답했네.

"내가 씨 뿌리는 방법은 알고 있으면서도 과실수를 심는 방법은 모를 수가 있습니까?" 내가 물었네.

---

60 '과실수'로 번역한 '덴드론'(δένδρον)은 모든 종류의 나무를 지칭하는 의미로도 사용되지만 어떤 경우에는 과수원에 심는 과일 맺는 재배되는 나무를 가리킨다. 특히 이 책에서는 과수원의 과실수를 지칭한다. 고대 그리스 농업 문헌에서 '덴드론'은 특히 올리브 나무, 포도나무, 무화과 나무, 사과 나무, 배 나무, 석류 나무, 아몬드 나무 따위를 말한다.

2   "당신은 모른다는 것입니까?"

"내가 어떻게 알겠습니까. 나는 어떤 땅이 적합한지, 구덩이를 얼마나 깊고 넓게 파야 하는지, 묘목을 얼마나 깊이 묻어야 하는지, 어떤 방식으로 심어야 가장 잘 자라는지 전혀 모르는 사람입니다." 내가 말했네.

3   "그럼 이제 당신이 모른다고 생각하는 것을 알려드리지요. 사람들이 과실수 묘목을 심으려고 파 놓은 구덩이를 당신도 보았을 것이라고 나는 확신합니다." 이스코마코스가 말했네.

"자주 보았습니다." 내가 대답했네.

"그러면 당신은 3푸스[61]보다 깊은 구덩이를 보았습니까?"

"제우스께 맹세하건대 2.5푸스보다 깊은 것은 보지 못했습니다."

"그러면 구덩이의 너비가 3푸스보다 넓은 것을 본 적이 있습니까?"

"제우스께 맹세하건대 저는 2푸스보다 넓은 것도 보지 못했습니다."

4   "자, 이제 이것에 대해서도 나에게 대답해주십시오. 깊이가 1푸스도 되지 않는 구덩이를 본 적이 있습니까?" 그가 말했네.

"제우스께 맹세하건대 깊이가 1.5푸스도 되지 않는 구덩이

---

61 고대 그리스의 길이 단위에서 '푸스'는 약 30.5센티미터였기 때문에, '3푸스'(τρίπους, 트리푸스)는 약 91.5센티미터이고, '2.5푸스'는 약 76.3센티미터다.

  제3부 사업 경영론: 농장 경영을 통해 배우는 경영의 본질

는 보지 못했습니다. 묘목을 너무 지표면 가깝게 심으면 땅을 파다가 뽑혀버릴 것이기 때문입니다." 내가 대답했네.

"그렇다면 소크라테스여, 당신은 이미 충분히 알고 있는 것입니다. 과실수의 묘목을 심기 위해서는 구덩이를 2.5푸스보다 깊게 파지도 않고 1.5푸스보다 얕게 파지도 않는다는 것을 말입니다." 5

"틀림없습니다. 그것을 못 보았을 리는 없으니까요." 내가 말했네.

"그런데 당신은 눈으로만 보고도 더 건조한 땅과 더 습한 땅을 구별할 수 있습니까?" 그가 물었네. 6

"내가 봤을 때 리카베토스 주변과 비슷한 지역은 건조한 땅이고, 팔레론 습지 주변과 비슷한 지역은 습한 땅입니다."[62] 내가 대답했네.

"그렇다면 과실수 묘목을 심으려면 건조한 땅에 깊은 구덩이를 파겠습니까, 아니면 습한 땅에 깊은 구덩이를 파겠습니까?" 그가 물었네. 7

"제우스께 맹세하건대 건조한 땅에 파겠습니다." 내가 대답했네. "만약 습한 땅에 깊은 구덩이를 파면 물이 나올 텐데, 물속

---

[62] '리카베토스'는 고대 아테네 중심부에 위치한 언덕(약 277미터)으로 아테네에서 가장 높은 곳이다. '팔레론'은 아테네 남쪽 해안에 위치한 지역으로 고대 아테네의 주요 항구 중 하나였고 페르시아 전쟁 시기에는 그리스 연합 함대의 기지로 사용되었다.

에 묘목을 심을 수는 없기 때문입니다."

"당신 말이 옳습니다. 그러면 구덩이를 판 후에 언제 각각의 묘목을 심어야 하는지 당신은 본 적이 있습니까?" 그가 물었네.

8   "물론입니다."

"묘목이 최대한 빨리 자라게 하려면 다음 두 가지 방법 중에서 어느 것을 선택하겠습니까? 구덩이 바닥에 미리 마련해놓은 부드러운 흙을 깔고, 그 속에서 포도나무 가지[63]가 자라게 하는 것과 경작하지 않은 딱딱한 흙에서 자라게 하는 것 중에서 말입니다. 어느 쪽이 더 빨리 뿌리를 내리겠습니까?"

"구덩이만 파서 그 땅에 심는 것보다는 미리 마련한 부드러운 흙을 깔고 그 위에 포도나무 가지를 심으면 더 빨리 자랄 것이 분명합니다." 내가 대답했네.

9   "그렇다면 준비된 흙이 묘목 아래 놓여야 할 것입니다."

"당연히 그래야 합니다."

"그러면 당신은 포도나무 가지 전체를 똑바로 세워서 하늘을 향하게 놓을 때 뿌리가 잘 내린다고 생각합니까, 아니면 마련해둔 흙에 마치 뒤집어진 감마(Γ) 자 모양으로 옆으로 눕혀서 심는 것이 뿌리가 잘 내린다고 생각합니까?"

10   "제우스께 맹세하건대 나는 포도나무 가지를 옆으로 눕혀서

---

63 고대 그리스에서는 건강한 포도나무 가지를 잘라서 땅에 심어서 새로운 포도나무로 자라게 했는데, '클레마'(κλῆμα)는 이렇게 포도나무에서 잘라 낸 가지를 가리킨다.

   제3부 사업 경영론: 농장 경영을 통해 배우는 경영의 본질

심겠습니다. 그렇게 하면 더 많은 싹눈이 흙에 파묻히니까요. 싹눈이 위로 싹을 틔워올리는 것을 제가 직접 보았습니다. 그렇다면 땅 아래 있는 싹눈도 마찬가지입니다. 땅속으로 많은 뿌리를 내릴 텐데, 그렇게 되면 묘목이 빠르게 자라면서 튼튼해질 것입니다.”

“여기서도 우리의 생각이 일치하는군요. 당신은 묘목 위에 단지 흙을 덮어주기만 할 것입니까, 아니면 묘목 주변의 흙을 단단히 다져줄 것입니까?” 그가 말했네.

“제우스께 맹세하건대 나는 흙을 다져줄 것입니다. 만약 흙을 단단히 다져주지 않는다면, 나중에 비가 내리면 진흙이 될 테고, 햇볕이 내리쬐면 땅속까지 건조해질 것을 내가 잘 알고 있으니까요. 그렇게 되면 묘목들이 습기 때문에 썩거나, 건조한 흙으로 인해 뿌리들이 뜨거워지면서 말라버릴 위험이 있습니다.” 내가 대답했네.

“그렇다면 소크라테스여, 당신은 포도나무를 심는 법에 관해서도 나와 생각이 같군요.” 그가 말했네.

“그런데 무화과나무도 그렇게 심어야 합니까?” 내가 물었네.

“나는 다른 모든 과실수도 그렇게 심어야 한다고 생각합니다. 포도나무를 심는 데도 적용되는데 다른 과실수라고 적용하지 못할 이유가 무엇이겠습니까?” 이스코마코스가 대답했네.

“그런데 이스코마코스여, 올리브나무는 어떻게 심어야 합니까?” 내가 물었네.

"당신은 잘 알고 있으면서 나를 시험해보려고 하시는군요. 한번 관찰해보십시오. 올리브 나무를 심으려면 구덩이를 깊게 파야 합니다. 특히 길가에 심을 땐 더 그렇지요. 또한 묘목마다 굵은 줄기가 있고 그 묘목의 지상부는 진흙으로 덮여 있으며 전체적으로 보호되어 있습니다. 당신도 당연히 보았겠지요?" 그가 말했네.

14   "다 봤습니다."

"당신이 모두 보았다면 대관절 무엇을 알지 못한다는 말입니까? 소크라테스여, 혹시 당신은 진흙 위에 조개껍질을 어떻게 놓아야 하는지를 알지 못하시는 것입니까?" 그가 말했네.

"제우스께 맹세하건대 이스코마코스여, 당신 말이 맞습니다. 저도 이 모든 것을 알고 있었군요. 그런데 이상한 일입니다. 당신이 처음에 과실수 심는 법을 아냐고 물었을 때 내가 모른다고 대답했는데 말입니다. 그때는 과실수 심는 방법에 관해 할 말이 없다고 생각했습니다. 하지만 당신이 나에게 각각의 일을 나눠서 질문하니 노련한 농부인 당신과 나의 대답이 일치하는군요.

15   그렇다면 이스코마코스여, 과연 질문도 가르침입니까? 나는 이제 당신이 어떤 식으로 질문을 던졌는지 알아가고 있습니다. 당신은 내가 이미 알고 있는 지식을 디딤돌 삼아 나를 차근차근 이끌어가면서 내가 전혀 모른다고 생각했던 것이 실상 내가 아는 것이었음을 스스로 수긍하게 만듭니다." 내가 대답했네.

16   "그럼 만약 은화라면 어떻겠습니까? 내가 질문만 던져서 당

신이 위조 은화를 감별하게 만들 수 있을까요? 혹은 질문만으로 당신이 피리를 불게 하거나 그림을 그리게 만들 수 있겠습니까?” 이스코마코스가 물었네.

“아마 그럴 겁니다. 당신은 이미 내가 농사짓는 법을 안다고 깨우쳐주지 않았습니까? 아무도 나에게 농업술을 가르쳐주지 않았는데도 말입니다.” 내가 대답했네.

“그렇지 않습니다, 소크라테스여.” 그가 말했네. “이전에도 [17] 내가 말했듯이 농업은 무척 인자하고 온화한 기술이어서 보고 듣기만 해도 단번에 알 수 있습니다. 더욱이 농업 자체가 교육자 [18] 역할을 하며 어떻게 하면 가장 탁월하게 농업을 활용할지 알려줍니다. 예컨대 포도나무 인근에 다른 나무가 있을 때는 그것을 타고 오름으로써 지지대가 필요하다는 점을 알려줍니다. 그리고 포도송이가 덜 여물었을 때는 잎을 넓게 펼쳐, 뙤약볕으로부터 열매를 가려달라고 가르쳐주지요. 포도가 무르익어야 할 때가 [19] 되면 잎사귀를 떨구면서 이제 햇볕을 듬뿍 받아야 달콤해진다고 알려줍니다. 또한 포도나무는 많은 포도송이를 맺어, 여문 포도송이와 덜 여문 포도송이를 함께 보여줌으로써 무화과를 수확하듯 익은 것부터 차례로 따야 한다고 가르쳐줍니다.”

20장

실행력과 근면함에 대하여

1 그래서 내가 물었네. "이스코마코스여, 농업 일을 배우는 것이 그렇게 쉽고 모든 사람이 똑같이 무엇을 해야 하는지 안다면 무슨 이유로 모든 사람이 똑같이 실행하지 않으며 오히려 어떤 사람은 풍족히 살면서 여분의 이득도 남기는 반면 어떤 사람은 생활에 꼭 필요한 것조차 얻지 못하고 빚까지 지는 것입니까?"

2 "소크라테스여, 당신에게 그 이유를 말하겠습니다." 이스코마코스가 대답했네. "농업에 관한 지식이 있고 없고에 따라 어떤

3 사람이 풍족하거나 가난하게 사는 것이 아닙니다. 집안이 망한 이유가 씨를 고르게 안 뿌려서라거나, 묘목을 삐딱하게 심어서라는 핑계는 들어본 적 없을 겁니다. 땅을 잘못 골라 포도를 심

  제3부 사업 경영론: 농장 경영을 통해 배우는 경영의 본질

었다거나, 휴경지를 갈아야 한다는 걸 몰라서 혹은 거름 주는 법을 몰라서 망했다는 핑계도 통하지 않습니다.

도리어 당신은 이런 말을 훨씬 자주 들었을 테지요. '그 사람 4 이 경작지에서 곡식을 수확하지 못한 것은 씨 뿌리고 거름 치는 일에 태만했기 때문이다.' 혹은 '그 사람이 포도주를 얻지 못한 것은, 포도나무를 심거나 포도나무에서 과실이 열리도록 근면히 돌보지 않았기 때문이다.' 혹은 '그 사람이 올리브 기름과 무화과를 얻지 못한 것은, 근면하지 않았을 뿐 아니라 과실을 얻으려는 노력도 하지 않았기 때문이다.'

소크라테스여, 바로 이런 이유로 말미암아 농부들과 그들 5 이 짓는 농사가 제각기 무척 달라집니다. 무슨 대단한 농사 비법을 발견했느냐 못 했느냐는 결정적인 이유가 아닙니다. 군대를 6 이끄는 장군도 마찬가지입니다. 장군들마다 군사 업무에서 서로 견해가 다르지 않음에도 어떤 이는 훌륭한 반면 어떤 이는 뒤떨어지는데 이는 근면함 때문입니다. 어떤 지휘관은 모든 장군과 대다수 일반인도 아는 것을 그대로 실천하지만 어떤 지휘관은 그렇게 하지 않습니다.

이를테면 적의 영토를 행군할 때는 전투에 대비하여 최고 7 상태에서 싸울 수 있도록 평상시 대오를 갖춰 이동해야 함은 모두 알고 있습니다. 하지만 어떤 지휘관은 이를 철저히 지키고, 어떤 지휘관은 알면서도 무시합니다.

군영 앞에 밤낮으로 보초를 배치해야 한다는 것은 모두 알 8

고 있습니다. 그러나 여기서도 어떤 지휘관은 보초를 서도록 근면히 돌보는 반면 어떤 지휘관은 태만히 합니다.

9   또한 좁은 통로를 행군해서 통과할 때는 전략적으로 유리한 지점을 먼저 장악해야 한다는 것을 모르는 사람은 없습니다. 그런데도 어떤 지휘관은 그렇게 하도록 주의를 기울이지만 어떤 지휘관은 그렇게 하지 않습니다.

10   마찬가지로 모든 사람이 농사에서 거름 치는 것이 중요하다고 말하고, 거름을 구하기가 얼마나 쉬운지 익히 보아 알고 있습니다. 거름이 어떻게 만들어지는지 정확히 알고, 거름을 많이 만드는 것이 얼마나 쉬운지 아는데도, 어떤 이는 거름을 모으려고

11   주의를 기울이지만 어떤 이는 소홀히 합니다. 비가 내릴 때조차 마찬가지입니다. 신이 하늘에서 비를 내려주시면 움푹 팬 곳은 모두 웅덩이가 되고 땅은 온갖 잡초를 자라게 하는데, 씨 뿌리는 사람은 잡초를 제거해 땅을 깨끗이 해야 합니다. 이때 누군가가 뽑아낸 잡초를 물에 던져 넣으면 시간은 자연스럽게 알아서 땅이 기뻐할 만한 것으로 만듭니다. 모든 잡초나 흙은 고인물에 들어가면 예외없이 거름이 되지요.

12   그리고 땅이 씨를 뿌리기에 너무 습하거나 묘목을 심기에 소금기를 너무 많이 머금고 있을 때 어떻게 돌보아야 하는지 모두 알고 있습니다. 이에 더해 물을 도랑으로 빼내는 방법 그리고 습한 것이든 마른 것이든 소금기 없는 것과 뒤섞어 중화시키는 방법도 알고 있습니다. 그러나 어떤 이는 이런 방법으로 땅을 근

면히 돌보지만 어떤 이는 그렇지 않습니다.

만약 누군가가 땅이 무엇을 길러낼 수 있는지 아예 모르고, 13
땅이 길러낸 작물이나 과실수를 본 적이 전혀 없고, 땅에 관한
진실을 누구에게서 들어본 적도 없더라도, 그에게는 마소를 부
리거나 사람을 시험해보는 일보다 땅을 시험해보는 일이 훨씬
수월할 것입니다. 땅은 속임수로써 자신을 드러내지 않고 다만
스스로 가능한 것과 불가능한 것을 단순하고 진실하게 드러내기
때문입니다.

내가 생각하기에 땅은 모든 것을 배우기 쉽고 이해하기 쉽 14
게 제공함으로써 나쁘고 게으른 사람이 누구인지를 훌륭하게 분
별해줍니다. 다른 기술들의 경우에는 그 일에 종사하지 않는 사
람이 몰랐다고 변명할 여지가 있지만 농사는 변명의 여지가 없
습니다. 땅은 우리가 대접한 만큼 정확히 돌려준다는 걸 누구나
알기 때문입니다.

방치된 땅은 그 소유자의 영혼이 타락했음을 날카롭게 고발 15
합니다. 아무도 식량 없이 살 수 없는데도 돈벌이가 될 만한 별
다른 기술도 없이 농사를 짓지 않는 사람은 분명 도둑질이나 강
도질이나 구걸로 생계를 유지하려고 하거나 그도 아니면 아무런
생각도 없이 살아가는 사람일 것이기 때문입니다.

농업이 이득을 가져다주느냐 그렇지 못하느냐를 가르는 결 16
정적인 차이가 있습니다. 어떤 농부는 많은 일꾼을 거느리면서
도 그들이 제시간에 일터에 있도록 근면히 살피지만, 다른 농부

17 는 그렇지 않습니다. 열 명의 일꾼 가운데 단 한 사람이라도 시간을 온전히 채워 일하면 그것만으로도 큰 차이가 벌어지고, 반대로 한 사람이라도 시간을 채우지 않고 자리를 떠나면 역시 같은 만큼의 차이가 생깁니다. 일꾼들이 하루 종일 느슨하게 일하도록 내버려둔다면 그날 해야 할 일의 절반도 못 채우기 십상입니다.

18 　예컨대 둘 다 젊고 건강한 여행자라고 해도 한 사람은 200스타디온을 걸은 반면에 다른 한 사람은 100스타디온밖에 걷지 못해 서로 차이가 날 수도 있습니다.[64] 한 사람은 자기 목적을 달성하려고 빨리 걷지만 다른 한 사람은 내심 게으름을 피우며 샘터나 그늘 아래에서 쉬고 경치를 감상하기도 하고 미풍을 느끼며 느릿느릿 걸었기 때문입니다.

19 　일에서도 비슷한 상황이 벌어집니다. 자신에게 맡겨진 바를 완수하려고 일하는 사람과 핑곗거리만 찾으면서 게으름을 피우며 일하지 않는 사람은 그 성취에서 커다란 차이를 보입니다.

20 　일을 제대로 하는 것과 시늉만 하는 것은 하늘과 땅 차이입니다. 이는 온종일 성실히 일하는 것과 하루 종일 게으름을 피우는 것만큼이나 다릅니다. 포도나무 주변의 잡초를 말끔히 없애

64　'스타디온'은 고대 그리스에서 사용된 길이의 단위로 고대 올림피아 경기장의 길에서 유래했는데 아티케(아테네) 스타디온은 약 185미터였다. 따라서 '200스타디온'은 약 37킬로미터로, 하루 이동 거리로 여겨졌다. 고대 그리스인들은 하루에 150-250 스타디온(약 28-46킬로미터)을 이동할 수 있었다고 한다.

려 괭이질을 했는데도 오히려 잡초가 더 많아지고 무성해졌다면, 그것을 게으름이 아니고 무엇이라 부르겠습니까?

따라서 무지가 아니라 게으름이 가산을 무너뜨립니다. 나가는 지출은 뻔한데 들어오는 수입이 적으면 이익은커녕 빚만 쌓이는 게 당연하지 않습니까. 21

하지만 부지런한 사람에게 농사는 최고의 돈벌이가 됩니다. 내 아버지께서 몸소 보여주셨고, 내게도 가르치신 비결이지요. 아버지는 절대 잘 가꿔진 땅을 사지 말라고 하셨습니다. 대신 주인이 게으르거나 무능해서 버려둔 땅, 아무것도 심지 않은 헐값의 땅을 사라고 권하셨습니다. 22

아버지는 경작된 땅은 돈이 많이 들뿐더러 발전 가능성이 없다고 말하셨습니다. 그리고 모든 가산과 가축은 더 좋은 방향으로 나아갈 때 커다란 기쁨을 주지만 발전 가능성이 없는 것은 기쁨을 주지 못한다고 생각하셨습니다. 경작되지도 않았던 땅이 비옥해지는 것처럼 대단한 발전이 또 어디 있겠습니까? 23

소크라테스여, 우리는 이미 많은 땅을 원래 가치보다 몇 배나 가치 있게 만들었다는 것을 잘 알아두십시오. 그리고 소크라테스여, 이런 사고방식은 매우 가치 있고 배우기도 아주 쉬워서 당신도 지금 내 말을 들은 것만으로도 내가 했던 대로 할 수 있으며 원한다면 다른 사람에게도 가르칠 수 있을 것입니다. 24

내 아버지는 이것을 다른 사람에게 배우시거나 고민해서 발견하신 것도 아닙니다. 아버지는 농사에 대한 사랑과 노동에 대 25

한 사랑 때문에 개간되지 않은 땅을 사서 일구려는 열망을 품으셨고, 땅을 일구며 일하는 동시에 이득도 보는 즐거움을 얻으셨던 것입니다.[65]

26 소크라테스여, 내가 보기에 내 아버지는 아테네에서 농사를 가장 사랑하는 분으로 타고나신 것 같습니다."

나는 이 말을 듣고 그에게 물었네. "그런데 이스코마코스여, 당신의 아버지는 직접 경작한 땅을 모두 소유하고 계셨습니까, 아니면 큰돈을 받을 수 있을 때는 팔기도 했습니까?"

"제우스께 맹세하건대 물론 파셨습니다. 하지만 아버지는 일하는 것을 진정으로 사랑하셨기 때문에 곧바로 다른 경작되지 않은 땅을 사셨습니다."

27 내가 말했네. "이스코마코스여, 당신이 하는 말을 잘 알겠습니다. 상인들이 천성적으로 곡물을 사랑하는 것 못지않게 당신의 아버지가 농사를 사랑하셨다는 말이군요. 상인들은 곡물을 몹시 사랑한 나머지 곡물이 많이 있는 곳에 가기 위해서라면 아

---

65 '농업에 대한 사랑'으로 번역한 '필로게오르기아'(φιλογεωργία)와 '노동에 대한 사랑'으로 번역한 '필로포니아'(φιλοπονία)는 크세노폰이 본 장에서 강조하는 농사술의 기본 덕목이다. 접두사 '필로'(φιλο)는 '사랑하다'를 의미하며, '게오르기아'(γεωργία)는 '농업'을, '포노스'(πόνος)는 '수고'를 뜻한다. 5장에서 보았듯 일반적으로 육체노동은 기계적이고 비천한 것으로 여겨졌으나, 바깥에서 땀을 흘리며 일하는 농업만은 예외였다. 이스코마코스의 아버지가 개간된 땅보다 황무지를 선호한 것은 개간 과정에서 오는 기쁨 때문이었으며 이는 관조적 철학과 대비되는 실천적 윤리관을 보여준다.

 제3부 사업 경영론: 농장 경영을 통해 배우는 경영의 본질

이가온해와 흑해와 시켈리아해[66]도 건너간다고 하지요. 그들은 가능한 한 곡물을 많이 사서 자신들이 타고 간 배에 싣고서 바다를 통해 운반해 옵니다. 그들은 돈이 필요할 때도 곡물을 아무 곳에나 무작정 팔아넘기지 않고, 곡물이 가장 값지게 여겨지고 가장 높이 평가되는 곳에 가져다 그곳 사람들에게 내어줍니다. 당신의 아버지도 이와 비슷하게 농사를 사랑하셨던 분인 것 같습니다."

이 말을 들은 이스코마코스가 말했습니다. "당신은 농담을 하고 있군요, 소크라테스여. 그렇지만 나는 집을 완성해서 팔고 나서 다른 집을 짓는 사람들도 누구 못지않게 집짓기를 사랑하는 사람이라고 생각합니다."

"제우스께 맹세하건대 물론입니다, 이스코마코스여. 당신 말이 옳습니다. 모든 인간은 본능적으로 자기에게 이익을 가져다준다고 믿는 것을 사랑합니다." 내가 말했네.

66 '아이가이온해'(에게 해)는 서쪽의 그리스 본토, 동족의 소아시아, 북쪽의 마케도니아와 트라케, 남쪽의 지중해에 의해 둘러싸여 있는 바다로, 그리스인들의 안방인 바다라고 할 수 있다. 고대 그리스인들은 아이가이온해의 삼면 해안에 도시들을 건설했다. '흑해'는 아시아와 에우로페(유럽)의 자연적 경계 역할을 한 바다로 흑해 앞쪽에는 프로폰티스해(현재의 마르마라해), 그 앞쪽에는 헬레스폰토스 해협이 있다. '흑해' 북쪽으로는 스키타이인이 거주했다. '시켈리아해'는 이탈리아반도 남부와 시켈리아섬 사이의 해역으로 북쪽으로는 티레니아해, 동쪽으로는 이오니아해, 남쪽으로는 지중해와 접해 있고, 시켈리아섬과 이탈리아반도 사이에는 시켈리아해협이 있다.

21장

다스리는 능력과 왕의 품성

1　내가 말했네.

"이스코마코스여, 나는 당신의 논의 전체가 당신이 주장하고자 하는 바를 잘 뒷받침한다고 생각합니다. 당신은 농업 기술이 모든 기술 중에서 가장 배우기 쉽다고 주장했는데 이제 당신이 말한 것을 모두 듣고 나니 완전히 설득되어 진정 그러하다고 생각하게 되었기 때문입니다."

2　"제우스께 맹세하건대 진정 그러합니다." 이스코마코스가 계속해서 말했네.

"하지만 소크라테스여, 농업이든 정치든 가정 경영이든 전쟁이든 모든 분야에서 공통적으로 적용되는 사안이 있습니다.

바로 다스리는 능력입니다.[67] 그리고 사람마다 그 판단력에서 큰 차이를 보인다는 점에서는 나도 당신과 생각이 같습니다.

이를테면 삼단노선을 타고 바다에 나가 종일 노를 저으며 항해해야 할 때가 있습니다. 이때 어떤 노꾼대장은 말과 행동으로 사기를 북돋아 노꾼들이 자발적으로 열심히 노를 젓게 하는 반면 어떤 대장은 너무 무능해서 같은 거리를 항해하는 데 시간이 두 배 이상 걸립니다. 전자의 경우에는 노꾼대장과 명령을 따르는 노꾼들이 땀을 뒤집어쓴 채 서로 칭찬하며 배에서 내리지만 후자는 노꾼대장과 노꾼들이 땀 한 방울 흘리지 않고 도착해서 서로 미워하면서 배에서 내립니다.

장군들도 마찬가지입니다. 어떤 장군 밑에 있는 병사들은 힘든 일을 하려 하지도 않고 위험을 감수하지도 않으며 어쩔 수 없는 상황이 아닌 한 명령도 따르지 않을 뿐 아니라 도리어 상관에게 반기를 드는 것을 자랑스럽게 여깁니다. 이런 장군은 병사들이 비겁하고 불명예스러운 행동을 했을 때 수치심을 느끼도록 가르치지 못합니다.

---

67 '다스리는 능력'으로 번역한 '아르키콘'(τὸ ἀρχικόν)은 '다스리다'를 의미하는 동사 '아르코'(ἄρχω)의 명사형이다. 이스코마코스는 농업의 기술적 측면은 쉽게 배울 수 있지만 이 다스리는 능력은 모든 실천 영역을 아우르는 가장 어려운 것이라고 말한다. 21장에서는 이것이 단순한 관리 기술이 아니라 따르는 자들이 자발적으로 복종하고 열정적으로 임하게 하는 도덕적 감화력임을 보여준다. 크세노폰은 이를 인간적 기술의 차원을 넘어선 신적 은혜로 규정하며 절제(σωφροσύνη)를 완성한 이에게만 주어진다고 말한다.

5   하지만 신과 같이 선하며 지혜로운 지휘관은 다릅니다. 이들은 앞서 말한 병사는 물론이거니와 그들보다 못한 병사까지 돌봅니다. 그렇게 함으로써 병사들이 명예롭지 않은 일을 저지를 때에는 스스로 부끄러워하게 만들고, 복종하는 편이 더 낫다고 여기게 하지요. 나아가 개인으로서든 집단으로서든 기꺼이 복종하는 일을 자랑스럽게 여기게 하며, 힘든 일을 맡게 되더라도 좌절하지 않고 끝까지 해내도록 이끕니다.

6   훌륭한 지휘관이 이끌면 병사 개인에게 힘든 일을 기꺼이 하려는 마음이 샘솟듯 군대 전체에서도 힘든 일도 마다하지 않으려는 마음이 샘솟고 지휘관에게 훌륭히 맡은 바를 완수하는 모습을 앞다퉈 보여주려는 명예욕도 함께 생깁니다.

7   부하들이 이런 태도로 대하는 사람은 진정 강력한 지휘관으로 거듭납니다. 제우스께 맹세하건대 이런 지휘관은 가장 힘센 자도, 창을 잘 던지는 자도, 활을 잘 쏘는 자도, 최고의 기병이나 무장보병도 아닙니다. 하지만 병사들이 '불 속이라도 저 사람을 따르겠다'는 마음을 먹게 만드는 사람, 온갖 위험을 무릅쓰고라도 따르게 만드는 사람, 그가 진짜 강력한 지휘관입니다.

8   이런 자를 일컬어 우리는 마땅히 위대한 정신을 지녔다고 합니다. 그를 따르는 많은 사람이 이를 이해합니다. 사실상 '큰 손'으로 행진하는 사람이라고 표현할 수 있을 텐데, 그의 판단력을 추종하는 많은 사람이 무수한 손을 내밀어 그를 자발적으로 섬기기 때문입니다. 물리적 힘이 아닌 정신적 지도력으로 위대

한 업적을 이루어내는 사람이야말로 진정 위대한 자입니다.

이는 비단 국가가 아닌 개인의 범위에서도 적용됩니다. 관 9
리인으로 불리든 감독관으로 불리든 책임자가 일꾼을 일에 집중
하게 하고, 열정적이고 지속적으로 일하게 만들 수 있다면 바로
그 사람이 훌륭한 결과를 만들어내고 커다란 부를 일구게 될 것
입니다.

그러나 소크라테스여, 주인이 게으른 일꾼을 크게 벌하고 10
열심히 일하는 일꾼을 크게 드높일 능력이 있는데도 만약 그가
일터에 나타났을 때 일꾼들이 별다른 반응을 보이지 않는다면
나는 그런 주인을 존경하지 않을 것입니다. 반면에 주인을 보고
일꾼들이 분발하고 각자에게 열정과 경쟁심과 최고가 되려는 명
예욕이 생긴다면 나는 그런 주인을 두고 왕의 품성을 지녔다고
할 것입니다.

그리고 이것이야말로 가장 중요한 능력입니다. 농업을 비 11
롯하여 사람들이 협력해 이루어내는 모든 일이 마찬가지입니다.
하지만 제우스에게 맹세하건대 이런 능력은 한번 보거나 설명을
듣는다고 해서 단번에 터득할 수 있는 것은 아닙니다. 오히려 이
런 능력을 갖추려면 체계적인 교육이 필요하고, 좋은 성품을 지
녀야 하며, 무엇보다 신적인 탁월함을 갖춰야 한다고 확신합니
다. 사람들의 자발적인 복종을 이끌어내는 이 훌륭한 능력은 순 12
전히 인간의 것이 아닌 신의 것이기 때문입니다. 이 능력은 진정

절제[68]라는 신비에 입회한 자들에게만 허락됩니다. 반면에 원치 않는 사람들을 폭정으로 다스리는 것은 마치 지하세계의 탄탈로스[69]가 이미 죽어서도 다시 죽을까 봐 두려워하며 끝없는 시간을 보내는 것처럼 고통받아 마땅한 자들에게나 주어지는 것이라고 생각합니다."

---

68 '절제'로 번역한 소프로쉬네($\sigma\omega\phi\rho o\sigma\acute{\upsilon}\nu\eta$)에 대해서는 7장 6절을 참조하라.

69 '탄탈로스'는 제우스의 아들로, 소아시아의 리디아 또는 프리기아의 왕이었고, 처음에는 신들의 총애를 받아서 신들과 함께 식사할 수 있는 특권을 가진 몇 안 되는 인간 중 하나였다. 하지만 그는 신들의 음식과 음료를 훔쳐 인간들에게 나눠 주었고 신들의 비밀 회의 내용을 인간들에게 폭로했으며, 신들이 과연 전지전능한지를 시험하기 위해 자신의 아들 펠롭스를 살해하여 요리한 후 신들에게 대접하는 불경을 저질렀다. 이후 하데스(지하 세계)의 감옥 타르타로스에 떨어졌다. 턱까지 차오르는 물속에 서 있지만 물을 마시려고 할 때마다 물이 빠져나가 결코 마실 수 없고, 그의 머리 위에는 맛있는 과일이 달린 나뭇가지가 있지만 과일을 따려고 손을 뻗을 때마다 바람이 불어 가지가 멀어져 결코 먹을 수 없는 영원한 형벌을 받고 있다. 여기서 이스코마코스는 참주는 이미 정신적으로는 죽은 상태이고, 육체적 죽음에 대한 끊임없는 두려움 속에서 산다는 것을 암시한다. 자신이 다스리는 사람들로부터 항상 반란이나 암살의 위험에 노출되어 있기 때문이다.

인류 최초의 경영학 수업

가난을 막고 곳간을 채워주는
소크라테스의 실천적 지혜

· 박문재 ·

크세노폰(기원전 약 430-355년)의 삶은 처음부터 끝까지 전장과 밀접했다. 그는 그리스의 모든 도시국가가 아테네 진영과 스파르타 진영으로 나뉘어 싸우던 펠로폰네소스 전쟁(기원전 431-404년)이 시작될 무렵 태어났다. 이 전쟁에서 스파르타는 아테네의 델로스 동맹을 이기고 패권을 잡았지만 이후 벌어진 만티네이아 전투(기원전 362년)에서 테베를 중심으로 한 반스파르타 연합에 패하여 패권을 상실했다. 크세노폰은 그로부터 약 10여 년 후에 죽었다.

그는 청년 시절에 소크라테스(기원전 약 469-399년)의 제자이자 친구로서 친분을 맺었다. 크세노폰은 자신이 존경한 소크

   소크라테스 부의 본질

라테스로부터 큰 영향을 받았지만 그의 사상은 우리가 지금까지 많이 접한 소크라테스, 플라톤, 아리스토텔레스로 이어지는 전통과는 분명 거리가 있다. 소크라테스, 플라톤, 아리스토텔레스가 진리, 정의, 미덕을 중심으로 한 정통적인 철학을 추구했다고 한다면 군사 전략가였던 크세노폰은 실용적인 정의와 미덕을 추구했다. 사람들에게 진정 유익한 것을 고민했다는 점에서 사리사욕을 추구했던 당시의 소피스트들과는 달랐다.

소크라테스에서 시작해서 플라톤, 아리스토텔레스로 이어지는 글들을 읽고 있으면 진리와 정의와 미덕을 바르게 제시하는 데는 탁월하지만 플라톤 자신도 『국가』에서 인정하듯 다소 이상적이라는 인상을 받는다. 반면 크세노폰은 현실에서 그 이상을 실현하려면 어떻게 해야 하는지에 관심을 기울였다. 1만 명의 그리스 용병을 이끈 군사 전략가이자 지휘관으로서 정의와 미덕은 말이 아닌 생사를 건 전쟁 같은 인간의 삶 속에서 행동함으로써 이루어진다고 보았다.

크세노폰이 쓴 『소크라테스 부의 본질』에도 이런 경향이 고스란히 드러난다. 소크라테스 역시 플라톤과는 달리 사변적이기보다는 실용적이고 실천적이었기에 크세노폰의 성향에 어느 정도 부합했을 것이다. 그럼에도 소크라테스가 철학적인 데 몰두했다면 크세노폰은 실용성에 관심을 두었으므로 둘의 차이는 뚜렷했다. 소크라테스의 행적과 대화는 플라톤의 『대화편』에 광범위하게 서술되어 있다. 그러나 이 책에서 만나는 소크라테스는 플라톤의 그와 닮은 듯 다르다. 여기에는 크세노폰 특유의 현실 감각과 경험, 그리고 그만의 독창적인 해석이 깊이 배어 있기 때문이다.

따라서 이 해설에서는 저자인 크세노폰을 먼저 조명한 뒤 소크라테스를 살펴보고자 한다. 소크라테스라는 이름은 익히 알려져 있지만 그를 제대로 아는 사람은 드물기 때문이다.

I. 크세노폰의 생애와 저작

1. 크세노폰의 생애

크세노폰은 기원전 430년경에 아테네 동쪽에 있는 에르키아 지역에서 태어났다. 그는 전통적인 귀족 가문의 자제로 아버지 그릴루스는 부유했지만 당시로서는 드물게 정치적 야망은 없던 인물로 전해진다. 크세노폰은 청년 시절에 소크라테스 문하에서 배웠고 친하게 교류했다.

용병 대장이자 군사 전략가의 피를 타고난 그는 소크라테스와 어울려 철학을 논하는 것만으로는 만족할 수 없었던 그가 서른 살이 되던 기원전 401년, 때마침 기회가 찾아왔다. 페르시아 왕 아르타크세르크세스 2세의 동생인 소(小)키루스가 형의 왕위를 빼앗기 위해 반란을 일으키며 그리스 용병을 모집한 것이다.

참전하기 전, 크세노폰은 소크라테스에게 용병으로서 소키

 소크라테스 부의 본질

루스와 함께해도 되겠는지 물었고, 소크라테스는 신탁에 조언을 구하라고 권한다. 그런데 크세노폰은 어쩐 일인지 원정 참전 여부를 묻는 대신, 어느 신에게 기원하고 제를 올려야 원정을 성공적으로 마치고 무사히 귀환할 수 있는지를 물었다고 한다. 이렇게 해서 그는 1만 명에 달하는 그리스인 용병의 일원으로 소키루스의 군대에 합류했는데 훗날 스승이자 친구였던 소크라테스가 재판을 받고 사형되었을 때도 아테네를 떠나 있던 탓에 그 곁을 지키지 못했다.

하지만 이 과정에서 일개 용병으로 시작한 크세노폰은 이후 만인대의 수장 중 하나로 거듭났고, 꼬박 2년에 걸쳐 용병들을 이끌고 눈이 쌓인 아르메니아에서 흑해 연안을 지나 소아시아로 귀환하는 데 성공했다. 이 이야기를 담은 것이 그가 쓴 『소아시아 원정기』다. 그리스어로 '아나바시스'('진군'이라는 뜻)라는 제목을 지닌 『소아시아 원정기』는 고대 세계에서 군사 지도자로서 자신의 직접적인 경험을 회고하고 성찰한 독특한 저작이다.

당시 소키루스는 그리스인 용병들에게 왕명에 불복하는 산악 부족인 피시디아인을 상대로 싸우게 될 것이라고 말했다. 즉 그리스인 용병들은 자신이 페르시아의 왕 아르타크세르크세스 2세의 대군과 싸울 것을 알지 못한 채 원정에 참가했고, 타르소스에 이르러서야 그 사실을 알고 원정을 거부하지만 돌아가기는 늦은 상황이었다. 결국 속아서 참전한 원정길에서 소키루스가 죽고, 페르시아의 왕 아크타크세르크세스 2세의 계략에 빠져

스파르타의 장군 클레아코스를 비롯한 1만 그리스 용병대의 지휘관들도 죽자, 크세노폰은 1만 그리스인 용병대의 세 지휘관 중 한 명으로 선출된다. 비로소 이때부터 훗날 두고두고 회자될 군사 지도자로서의 면모를 발휘한다.

그는 고립되어 죽을 위기에 처한 1만 그리스인 용병대를 이끌고 굶주림에 허덕이면서도 사막을 건너고 눈 덮인 아르메니아의 험준한 산을 넘어 안전한 흑해 연안의 그리스 식민지로 귀환하는 긴 여정에 오른다. 그 과정에서 페르시아군과 그들을 돕는 군사들의 추격과 공격을 받았지만 크세노폰은 기지와 임기응변을 발휘해 마침내 6개월 뒤 흑해 연안의 트라브존에 당도한다. 힉소스의 테케스 산 위에서 흑해를 내려다보며 "바다다, 바다다"(그리스어로 '탈랏타, 탈랏타')라고 환호했다는 이야기는 유명하다.

『소아시아 원정기』는 기원전 399년에 미시아에 있는 페르가몬에 스파르타의 장군 팀브론이 도착하는 것으로 끝이 난다. 팀브론의 원정은 크세노폰이 쓴 『그리스 역사』(그리스어로 '헬레니카')에 기록되어 있다. 그는 팀브론의 지휘로 그리스인 용병대와 함께 미시아의 여러 지역을 점령했지만 라리사 공략에 실패하자 스파르타 당국은 팀브론 대신에 데르킬리다스를 보낸다. 데르킬리다스의 지휘 아래 그리스인 용병대는 라리사를 비롯해서 9개의 성을 점령한다.

기원전 396년에 새로 임명된 스파르타의 왕 아게실라오스가 에페소스로 와서 군지휘권을 데르킬리다스에게서 넘겨받는

　　　　　　　　　　소크라테스 부의 본질

데, 크세노폰은 이때 아게실라오스를 처음 만났을 것으로 추측된다. 기원전 394년, 아게실라오스와 그의 군대가 스파르타로 귀환하는 것을 아테네 연합군이 막아서는 코로네아 전투가 벌어진다. 이때 크세노폰은 스파르타 편에 서서 싸우고, 스파르타로 귀환하면서 비로소 7년 원정도 막을 내린다. 이후 크세노폰은 스파르타 편에 섰다는 이유로 아테네에서 추방되지만 스파르타의 왕으로부터 스킬루스에 있는 영지를 받았고, 그곳에서 23년 동안 살면서 여러 저작을 썼다. 그곳에서의 삶은 그가 쓴 『사냥술』, 『기마술』 같은 소품들에 잘 표현되어 있다.

기원전 371년, 반스파르타 진영이 스킬루스를 점령한 탓에 크세노폰은 코린토스로 옮겨갔고, 기원전 354년에 그곳에서 죽었다. 하지만 그의 무덤은 스킬루스에 남았다고 전해진다.

2. 크세노폰의 저작

크세노폰은 고대의 가장 위대한 저술가 중 한 명으로 인정받아왔고, 그의 저작들은 일찍부터 아티케 산문의 모범으로 여겨졌기 때문에 모두 보존되어 있다. 고대 그리스의 철학자들의 전기를 쓴 디오게네스 라에르티우스는 크세노폰의 필치가 유려해서 "아티케의 뮤즈"로 알려져 있었다고 말한다.

크세노폰의 저작은 크게 두 부류로 나뉜다. 하나는 소크라테스와 관련된 저작들이고, 다른 하나는 용병 지휘관이자 군사 전략가로서의 자신의 경험을 담은 저작들이다.

(1) 소크라테스와 관련된 저작들

먼저 크세노폰은 소크라테스의 문도이자 친구로서 다양한 책을 썼다. 대화편인 『향연』, 『소크라테스 부의 본질』('오이코노미코스'), 『히에론』, 소크라테스에게 바치는 헌사인 『소크라테스의 회상』, 소크라테스가 재판에서 자신을 변론한 것을 나름대로 기록한 『변론』을 썼다.

『향연』은 아테네의 귀족이자 정치가였던 칼리아스가 범아테네 대회에서 우승한 아우톨리코스를 환영하기 위해 베푼 연회에 소크라테스와 그의 몇몇 친구들이 모여 대화한 내용을 기록한 형식으로 되어 있다. 각자 무엇을 가장 자랑스러워하느냐는 것이 이날의 대화 주제였다. 여기에서 아름다움과 욕망, 지혜, 미덕 등이 다루어진다. 크세노폰은 이 저작에서 향연에 걸맞게 놀이와 진지함을 조화시켜 주제들을 다루어나간다.

본서인 『소크라테스 부의 본질』은 고대 그리스의 농경사회를 배경으로 가정 경영과 농장 경영의 방법론을 철학적 대화 형식으로 풀어낸 저작이다. 당시 그리스인이 생각했던 이상적인 '부유함'의 정의를 엿볼 수 있는 한편, 소크라테스의 제자인 동시에 군사가였던 크세노폰 특유의 실천적 지혜가 드러난 독특한 저작이다. 부에 대한 나름의 정의에서 출발하여, 가정에서 남녀의 특징과 상호관계, 농촌 생활과 도시 생활, 노예 제도, 종교, 교육, 지도자로서의 덕목 같은 다양한 주제를 다룬다.

『히에론』은 기원전 474년에 시라쿠사의 참주 히에론과 서정

  소크라테스 부의 본질

시인 시모니데스 간의 대화를 다룬 저작이다. 과연 참주의 삶이 평민의 삶보다 더 즐거운가 하는 주제를 다루었는데 두 가지 삶을 다 살아본 히에론은 결코 그렇지 않다고 주장한다.

『소크라테스의 회상』은 소크라테스의 대화들을 모아놓은 것으로 소크라테스 관련 저작들 중에서 가장 길고 가장 유명하다. 크세노폰이 소크라테스의 언행을 예로 들어 논평하며 소크라테스를 변호하는 내용으로 되어 있다.

『변론』은 소크라테스가 아테네 청년들의 도덕을 부패시켰다는 것과 신들에게 불경죄를 저질렀다는 죄목으로 재판을 받으면서 배심원 앞에서 행한 변론을 담고 있다. 여기서 소크라테스는 불의한 박해에 굴복해 구차하게 목숨을 부지하느니, 차라리 죽음을 택하겠다는 단호한 의지를 보여준다.

(2) 정치 및 군사와 관련된 저작들

크세노폰은 아테네 시민으로 태어났음에도 아테네의 전통적인 숙적이었던 스파르타와 가깝게 지냈다. 이것은 용병과 군사 지도자로서 스파르타의 왕과 장군들의 지휘 아래 이오니아, 소아시아, 페르시아 등지에서 활동한 것, 스파르타 왕 아게실라오스와의 친분, 아테네로부터의 추방, 아테네 민주주의에 대한 반감과 스파르타의 질서에 대한 호감 등이 종합적으로 작용한 것으로 보인다.

그래서 그는 스파르타와 관련해서는 아게실라오스 왕의 전기인 『아게실라오스』, 『스파르타인들의 정치체제』를 썼고, 앞에서 소개한 『소아시아 원정기』('아나바시스'), 아케메네스 왕조의 페르시아 제국을 세운 키루스를 다룬 『키루스의 교육』을 썼으며, 『기마술』, 기병대 장교가 해야 할 일들을 적은 『기병술』, 개를 이용한 사냥법을 적은 『사냥술』, 아테네가 재정과 경제 위기를 어떻게 헤쳐나가야 하는지를 다룬 『방법』을 썼다. 또한 투키디데스의 『펠로폰네소스 전쟁사』의 마지막 문장에 이어서 기원전 411–362년까지의 그리스 역사를 다룬 『그리스 역사』('헬레니카') 를 썼다.

『아게실라오스』는 크세노폰이 모든 시민적·군사적 미덕들의 가장 탁월한 모범으로 생각하여 대단히 존경했던 스파르타 왕 아게실라오스의 일대기를 담고 있는 작품이다.

『스파르타인들의 정치체제』는 고대 스파르타의 제도, 관습, 실천을 서술하면서 스파르타가 적은 인구에도 불구하고 강대국이 된 이유들을 설명한다.

『기마술』은 어떻게 말을 선별하고 돌보며 훈련시켜야 하는지를 다루고, 『기병술』은 기병대 지휘관이 해야 할 일들을 다룬다. 『사냥술』은 사냥의 중요성과 유익성을 강조하며, 개를 이용한 여러 가지 사냥 기술들을 설명한다. 이 세 권의 소책자는 크세노폰이 부유한 기병 가문에서 자랐음을 추측하게 하는 한편 훗날 『키루스의 교육』을 쓰는 밑거름이 된다.

『방법』은 재정적인 큰 위기에 처한 아테네가 어떻게 해야 그 위기를 벗어날 수 있는지를 아테네의 최고 통치기관에 조언하는 내용이다. 이 소책자는 크세노폰이 기원전 355년에 마지막으로 쓴 저작으로 여겨진다. 여기에서 크세노폰은 다른 국가들을 약탈하고 착취하는 제국주의가 아니라 아테네 자체의 생산력과 평화를 기반으로 하여 제국이 새롭게 나아갈 길을 제시한다.

『그리스 역사』('헬레니카')는 투키디데스의 『펠로폰네소스 전쟁사』가 끝나는 기원전 411년부터 362년까지, 즉 펠로폰네소스 전쟁 말기부터 스파르타가 주도권을 잡고 페르시아를 공략하고 만티네이아 전투에서 패권을 상실할 때까지의 그리스 역사를 다룬다.

II. 소크라테스와 그의 시대

1. 소크라테스의 생애

소크라테스는 기원전 470년 또는 469년에 아테네의 알로페케 지역에서 석공이었던 아버지 소프로니코스와 산파였던 어머니 파이나레테 사이에서 태어났고, 아테네 10개 부족 중에서 안티오키스 부족에 속해 있었다. 따라서 그는 비교적 부유한 가정에서 태어난 아테네 시민이었고, 아버지의 친척들 근처에서 살았으며, 관습에 따라 아버지의 재산을 상속받아 재정적 걱정 없이 살 수 있었다.

소크라테스의 어린 시절과 청년 시절에 대해서는 거의 알려지지 않았지만 그는 아테네의 법과 관습에 따라 읽기와 쓰기의 기본 기술을 배웠고, 대부분의 부유한 아테네인들처럼 체육, 시, 음악 등 다양한 분야에서 추가 교육을 받았다. 젊은 시절 그는 자연철학에 심취했다. 특히 당대 아테네의 지성계에 큰 영향을 끼치던 페리클레스의 스승 아낙사고라스(기원전 약 500-428년)의 저작들을 탐독했다. 소크라테스 이전의 철학자는 대체로 만물의 근원을 탐구하고 자연 현상을 이해하고자 한 자연철학자였기에, 자연 현상을 기계적이고 합리적으로 설명하고자 했던 아낙사고라스를 빼놓고 얘기하기는 불가능했다. 그러나 소크라테스는 사물과 현상에 대한 관찰에 기반한 자연철학으로는 인생의 목적과 참된 진리를 알 수 없다는 결론에 이르렀고, 오직 이성과 논리적 추론에 입각한 방법론을 정립하고 진리를 추구해나갔다. 이런 방법론에 입각하여 대화를 통해 상대의 모순을 드러내고 진리를 확보해나가는 소크라테스의 모습은 제자였던 플라톤이 기록한 무수한 대화편에 생생하게 묘사되어 있다.

소크라테스는 두 번 결혼했다. 처음에는 아테나의 정치가 아리스티데스의 딸과 결혼했고, 두 번째는 50대에 자기보다 훨씬 나이가 적은 크산티페와 결혼해 세 아들을 두었다. 그는 "말 타는 법을 배우려는 사람이 온순한 말이 아닌 다루기 힘든 말을 선택하듯이, 나는 크산티페를 선택했다"라고 전한다. 그는 결혼 생활조차도 자신의 철학 수련의 일부로 생각한 것으로 보인다.

또한 소크라테스는 펠로폰네소스 전쟁(기원전 431-404년) 중에 군복무를 수행했고, 세 번의 전투에 참전했다. 전쟁 초기인 기원전 432-430년, 그리스 북부 칼키디케 반도의 팔레네 지협에 있던 포티다이아가 아테네에 반기를 들면서 벌어진 전투에 참전해 자신의 제자인 알키비아데스를 구했다. 이 전투에서 포티다이아인들은 약 2년간 포위된 채 저항하다가 극도로 굶주린 끝에 항복했다. 기원전 424년에는 보이오티아 지방 델리온에서 벌어진 전투에 참전해서, 침착하고 용감한 행동으로 많은 군인의 목숨을 구했다. 기원전 422년에는 그리스 북부 마케도니아 지역의 암피폴리스에서 스파르타의 장군 브라시다스가 지휘하는 군대와 벌어진 전투에 참전했다. 그는 세 번 모두 중장보병으로 복무했는데, 당시 고가의 무구(武具)를 자비로 마련해야 했다는 점을 볼 때 그가 결코 빈민층은 아니었음을 알 수 있다.

소크라테스는 관직에 나가지는 않았다. 하지만 아테네 민주정에서는 10개의 부족에 속한 시민들이 차례로 돌아가면서 50평의회 의원을 했기 때문에 그도 순번을 따라 평의회 의원을 했다. 그가 순번상 의장으로서 민회를 주재할 당시 민중의 불법적 기소를 거부한 일화는 유명하다. 기원전 406년 펠로폰네소스 전쟁 말기, 8명의 장군이 아테네 함대를 이끌어 아르기누사이 해전에서 승전보를 울렸음에도 폭풍우 때문에 아군 시신을 수습하지 못했다는 이유로 승장 8명을 집단 처형하라는 여론이 들끓었다. 광기에 휩싸인 민회가 불법적인 일괄 처형안을 상정하려 하자 소크라테스는 법에 어긋난다며 단독으로 거부권을 행사했다.

소크라테스는 아테네 대중, 특히 젊은이들의 큰 관심을 끌었다. 그는 납작하고 들린 코, 불거진 눈, 큰 배를 가진 못생긴 외모로 유명했고, 친구들은 그의 외모를 놀림감으로 삼았다. 소크라테스는 자신의 용모를 가꾸는 데 관심이 없었고 물질적 쾌락에 무관심한 편이었다. 위생을 소홀히 해서 거의 목욕을 하지 않았으며 맨발로 다녔고 낡은 외투 하나만을 소유했다. 그는 먹고 마시는 것과 성적인 것을 절제했지만 그렇다고 완전한 금욕을 실천하지는 않았다.

소크라테스는 71세가 된 기원전 399년에 정치적 문제에 휘말려서 결국 불경죄와 청년들에게 궤변을 가르쳐 타락시켰다는 죄목으로 독약을 마시고 삶을 마쳤다. 당시 아테네에서는 기존의 민주정 세력과, 스파르타의 법을 도입해 정치 질서를 재편하려 한 귀족적 과두정 세력 사이의 갈등이 지속되고 있었다. 이러한 상황에서 민주정 세력이 소크라테스를 처형한 것은, 과두정 세력에게 분명한 경고를 보낸 정치적 행위로 볼 수 있다. 그는 현실정치에 참여하지는 않았지만 그의 가르침들은 민주정을 비난하고 과두정을 옹호하는 것으로 해석되었고, 실제로 그의 제자와 친구들 상당수가 과두정 세력에 서 있었기 때문이었다.

2. 소크라테스의 시대와 아테네

소크라테스가 살았던 아테네는 고대 그리스의 아티케 지방

 소크라테스 부의 본질

에 자리 잡고 있던 유명한 도시국가였다. 솔론의 개혁 후에 페이시스트라토스(기원전 약 600-527년)가 참주(비합법적으로 정권을 탈취하여 통치자가 된 독재자, 그리스어로는 '튀란노스')가 되고 나서, 그의 아들 히피아스(기원전 527-510년)를 끝으로 참주정은 막을 내렸다. 클레이스테네스(기원전 약 570-508년)는 참주 히피아스를 몰아내고 기원전 508년에 기존의 전통적인 부족 체제를 없앴으며 아테네를 10부족 174구역 체제로 바꾸는 한편 도편추방제를 도입하여 민주정의 토대를 닦았다. 얼마 후에 페리클레스(기원전 약 495-429년)가 등장하여 민주정은 전성기를 맞이했고 이후 아테네에 민주정은 확고하게 뿌리를 내렸다.

아테네는 기원전 492-479년까지 지속된 페르시아 제국의 침략을 격퇴하고 나서 그리스 도시국가들을 규합, 델로스 동맹을 맺어 맹주로서 패권을 행사했다. 그러던 기원전 431-404년에 아테네와 스파르타가 각각 자신의 동맹군들을 거느린 채 그리스 패권을 두고 전쟁을 벌이게 된다. 이것이 바로 펠로폰네소스 전쟁이었다. 27년간의 혈투 끝에 스파르타가 승리했지만 상처뿐인 영광이었다. 그리스 세계 전체가 쇠퇴의 길로 접어든 것이다. 그럼에도 아테네는 클레이스테네스의 개혁부터 기원전 338년 마케도니아에 정복당할 때까지 잠시 동안의 참주정 시기를 제외하고 약 170년간 민주주의를 지속한 경이로운 도시국가로 역사에 남았다.

이 시기에 아테네에는 유명한 철학자들과 소피스트들이 모여들었다. 자연철학자였던 아낙사고라스(기원전 약 500-428년)는 페리클레스의 초청으로 아테네에 와서 30여 년을 머물며 합리적인 자연철학을 전파했고, 소크라테스는 젊은 시절에 그의 책들을 읽었다. 가장 유명한 소피스트였던 프로타고라스(기원전 약 485-414년)도 여러 차례 아테네를 방문하여 "인간은 만물의 척도"라고 주장하며 소피스트 특유의 상대주의적 지식론을 가르쳤다. 또 한 명의 유명한 소피스트였던 고르기아스도 기원전 427년에 아테네에서 자신의 현란한 수사학으로 사람들을 매료시켰다. 그러나 역설적이게도 아테네는 종교적으로 매우 보수적인 사회였다. 결국 아낙사고라스와 프로타고라스는 불경죄로 추방당했고, 소크라테스까지 신의 존재를 믿지 않는 소피스트로 몰아서 불경죄로 죽였다.

3. 소크라테스의 재판과 죽음

기원전 399년에 소크라테스는 공식적으로 아테네 청년들의 정신을 타락시켰다는 혐의와 불경죄('아세베이아'), 즉 거짓 신들을 숭배하고 아테네의 신들을 숭배하지 않았다는 혐의로 멜레토스, 아니토스, 리콘에 의해 고발되어 기소되었다.

재판에서 소크라테스는 자신을 변호했지만 실패했다. 500명의 아테네 남자 시민으로 구성된 배심원단은 다수결 투표로 유죄 280표, 무죄 220표로 유죄 판결을 내렸다. 당시에는 기소측과 피고측이 각각 형벌을 제안할 수 있었는데 소크라테스는 오히려

　소크라테스 부의 본질

자신이 국가에 봉사했으므로 무상 식사와 주거를 받아야 한다고 제안하는 등 배심원단을 자극하는 연설을 했다. 하지만 나중에는 제자들의 만류로 30므나에 달하는, 당시 10년치 임금에 해당하는 큰 벌금을 낼 것을 최종 제안했다. 그러나 배심원단은 그의 제안을 거부하고 찬성 360표 반대 140표로 사형을 선고했다.

소크라테스에 대한 고발은 시인 멜레토스에 의해 시작되었는데 그는 불경죄에 따라 사형을 요구했다. 다른 고발자들은 아니토스와 리콘이었다. 그들은 두 가지 근거를 들어 불경죄를 주장했다.

첫째, 소크라테스는 올림포스의 열두 신을 중심으로 한 전통적인 그리스의 인격신 개념을 거부했다. 그는 신이 인간들처럼 도덕적으로 불완전하다는 사실을 부정했다. 둘째, 그가 다른 신적 존재인 '다이몬'(내면의 목소리)을 믿는다는 것이다. 소크라테스는 신적 존재를 부정하지 않는다고 명확히 밝혔지만 그렇다고 해서 그 말이 아테네의 전통적인 신을 믿는다는 의미는 아니었다. 사실상 그는 신의 존재는 인정하되 지극히 이성적이고 진리에 부합하는 신적 존재만 인정했다. 그는 신들이 본질적으로 지혜롭고 정의롭다고 말했는데 이것은 당시의 종교와는 거리가 먼 인식이었다. 그런 점에서 그는 아테네의 전통적인 신을 부정하는 불경죄를 지었다고 말할 수도 있다. 당시에 아테네에는 신의 존재를 부정하는 회의론자들과 소피스트들이 많이 있었고, 그들 중 일부는 실제로 불경죄로 추방되기도 했다.

또한 소크라테스는 젊은이들을 타락시켰다는 죄목으로도 고발되었다. 소크라테스는 의도적으로 누군가를 타락시키지 않았다고 항변했다. 그러나 소크라테스는 당시 유명하다는 사람들을 찾아가서 자신의 독특한 '문답법'을 활용하여 그들 주장의 논리상 허점을 짚었고, 그 허구성을 드러내 웃음거리로 만들고는 했다. 당시 젊은이들이 소크라테스를 흉내내어 윗사람들이나 유명한 사람들에게 반론을 펴는 모습을 어렵지 않게 상상할 수 있었다. 자연히 사람들은 소크라테스가 젊은이들을 타락시켰다고 생각했을 것이다. 전통적 권위를 부정한 채 이성에 근거한 논리적 추론만 권위로 인정한다는 것은 기존 질서를 전복시키는 위험한 행위로 간주되었다.

종합하자면 소크라테스는 자기 내면에서 진리를 알려주는 신적 존재 '다이몬'의 목소리를 좇고 오직 이성에 입각한 논리적 추론을 진리의 기준으로 삼으라고 권했기에 전통적 권위를 고집하던 당시 아테네 당국과 시민들에게는 눈엣가시였다. 필연적으로 박해받고 단죄될 운명이었다고도 할 수 있을 것이다. 이에 더해 당시 유력 인사들을 찾아가 논박하고 그들의 분노를 산 것 그리고 그 밖의 다른 정치적 이유들도 한몫했을 것이다.

여기서 우리는 소크라테스의 진리 탐구 방법론에 대해 조금 더 알아볼 필요가 있다.

4. 소크라테스의 진리 탐구 방법론

소크라테스는 토론 상대를 소수의 엘리트 집단에 국한하지 않았다. 외국인들과 모든 사회 계층, 모든 성별의 사람들과 대화를 나누었는데, 플라톤은 핵심 특징으로 소크라테스 특유의 논박법('엘렌쿠스')을 든다.

논박법은 그가 활용한 철학적 방법론으로 꼬리에 꼬리를 물며 대화를 나누다 보면 상대의 신념이나 주장의 모순이 드러났다. 『변명』, 『크리톤』, 『고르기아스』, 『국가』 제1권 등 플라톤의 초기 저작에서 두드러지게 나타난다. 전형적인 논박법은 다음과 같이 전개된다.

소크라테스는 일반적으로 젊은이들과 소년들이 있는 자리에서 해당 주제의 전문가와 토론을 시작하고, 대화를 통해 전문가의 신념과 논증이 모순됨을 증명한다. 소크라테스는 먼저 대화 상대방에게 해당 주제에 대한 정의를 요구하는 것으로 대화를 시작한다. 그런 뒤, 연속해서 질문을 던져 상대의 답변이 서두에 제시한 정의와 모순된다는 것을 드러낸다. 소크라테스는 전문가가 애초에 진정한 정의조차 몰랐다고 결론 내린다. 대화의 상대가 설령 다른 정의를 제시하더라도 그 새로운 정의는 다시 소크라테스의 질문을 통해 검증받는다. 질문과 답변이 한 차례 오갈 때마다 상대는 진리에 접근하지만 동시에 자신의 무지가 드러난다.

한편, 소크라테스는 자기 의견을 검증하는 데도 논박법을 동원한다. 이 과정에서 그는 고정된 철학적 교리를 가르치기보다는 오히려 자기 무지를 전제한 뒤, 제자들 혹은 대화 상대와 함께 진리를 궁구하는 모습을 보인다.

이런 방법론은 『소크라테스 부의 본질』에서도 고스란히 적용된다. 그는 이 책의 주제인 '가정 경영'을 두고 대화를 나누기 위해 아테네에서 '가장 아름답고 가장 좋은 사람'이라 불리던 이스코마코스를 찾아간다. 소크라테스는 자신이 가정 경영에 대해 아무것도 모른다고 전제한 후에 가정 경영에 관한 질문들을 그에게 던지고 대답을 듣는 방식으로 논의를 전개해나간다.

하지만 나중에 가면 소크라테스가 그동안 농업과 가정 경영을 깊이 관찰해왔으며 이미 그것들을 알고 있었다는 사실이 밝혀진다. 그는 책의 3분의 1에 해당하는 앞부분까지는 크리스토불로스를 상대로 논박법을 보여준다. 하지만 그 뒤부터는 가정 경영의 장인이라고 할 수 있는 이스코마코스와 대화를 나누며 그의 견해를 논박하기보다는 가정 경영이란 주제를 두고 무엇이 참된 것인지 서로 동의를 구하고 확인하는 과정을 보여준다.

5. 소크라테스의 사후 제자들이 세운 철학 학파들

소크라테스가 죽은 후에 그의 제자들은 여러 철학 학파를 세웠다. 소크라테스의 열렬한 제자였던 에우클레이데스(기원전 약 435-365년)는 소크라테스가 죽은 뒤 다른 제자들을 메가라로 피신시키고 메가라학파를 세웠다. 그는 소크라테스의 윤리학에

  소크라테스 부의 본질

엘레아학파의 존재론을 결합해 '선(善)과 존재의 일치'를 주장했다. 또 다른 제자였던 북아프리카 그리스 식민시인 키레네 출신의 아리스티포스(기원전 약 435-356년)는 키레네학파를 설립해서 쾌락주의적 윤리학을 가르쳤다. 소크라테스의 제자들 가운데 가장 연장자 중 한 명이었던 안티스테네스(기원전 약 445-365년)는 견유학파를 설립해 극단적 금욕주의, 극기를 설파하고 사회 관습을 비판했다.

소크라테스의 가장 유명한 제자인 플라톤(기원전 약 428-348년)은 20년 동안 소크라테스의 가르침을 받았는데 아카데메이아학파를 설립해 후학들을 가르치면서 소크라테스를 주인공으로 하는 많은 대화편을 썼고 특히 『국가』 등의 저작들을 통해 이데아론이라는 독특한 철학 사상을 발전시켰다. 소크라테스의 마지막 순간을 함께한 제자이자 『파이돈』의 주인공 파이돈(기원전 약 417-343년)은 엘리스-에레트리아학파를 설립해 윤리학을 중심으로 한 실천적 철학을 가르쳤다.

이중 가장 주목할 만한 학파는 안티스테네스의 견유학파와 플라톤의 아카데메이아학파다. 그 뒤에 나타난 스토아학파는 기원전 3세기부터 기원후 2세기까지 500여 년 동안 큰 영향력을 발휘했는데, 이 스토아학파를 창시한 키프로스의 제논(기원전 334-262년)이 바로 안티스테네스의 제자인 동시에 견유학파를 대표하는 디오게네스(기원전 400-323년)에게서 배운 크라테스의 제자였다.

스토아학파는 소크라테스의 철학 사상과 방법론에서 큰 영향을 받았다. 그들은 미덕을 유일하게 참된 선으로 보고, 미덕이 행복으로 가는 유일한 길임을 설파했다. 이성으로 과도한 감정을 다스리면서도 외적 조건에 의존하지 않는 행복을 강조했다. 철학적 개념과 정의를 명료히 했으며 이성적 탐구 방법을 추구하고 논리학의 체계를 확립했다. 우리는 여기서 소크라테스의 사상과 실천이 그의 제자였던 안티스테네스의 견유학파로, 나아가 스토아학파로 계승된 것을 발견한다. 견유학파가 소크라테스의 '금욕적 실천'을 이어받았다면, 스토아학파는 그의 '이성적 방법론'을 계승하여 집대성했다고 볼 수 있다.

III. 『소크라테스 부의 본질』

1. 저작 동기와 시기

『소크라테스 부의 본질』(이하『부의 본질』)의 원제인 '오이코노미코스'(Οἰκονομικός)는 '가정'을 뜻하는 '오이코스'(οἶκος)와 '법, 관리, 경영'를 뜻하는 '노모스'(νόμος)에 형용사 어미가 붙은 단어다. 직역하면 '가정 경영에 관한' 글이라는 뜻인데, 크세노폰이 직접 제목을 붙였다.

고대 그리스 시대의 경제 단위는 대체로 가정이었고 사업을 경영할 때도 가업 형식으로 경영했다. 따라서 경영이라고 할 때는 1차적으로 가정 경영을 의미했다. 단순히 재정 활동만이 아니라 재산 관리, 노예 관리, 가족 구성원의 역할, 가업 활동, 가정 내 미덕 실천 등 가정의 모든 관리 활동을 포함하는 개념이었다.

책에서는 생계를 위한 자연적 경제 활동인 '오이코노미케'(οἰκονομική, 가정 경영)와, 오직 이윤 추구를 목적으로 하는 상업 활동인 '크레마티스티케'(χρηματιστική, 재산 증식술)를 구분한다. 아리스토텔레스 역시 『정치학』에서 이 두 개념을 엄격히 구별했다. 따라서 어떤 경제 활동이 농업이든 상업이든 수공업이든, 가족이 대대로 종사하여 가족의 생계 수단으로 영위되는 경우에는 가정 경영으로, 그렇지 않은 경제 활동은 재산 증식 활동이라고 부를 수 있다.

『부의 본질』을 집필한 시기는 기원전 362년으로 추정된다. 페르시아인의 왕 아르타크세르크세스 2세(기원전 404-358년)가 언급되고 스파르타의 쇠퇴기 상황이 반영된 것으로 미루어 짐작이 가능하다. 책에는 크세노폰이 소키루스의 용병으로 아시아로 건너가 쿠낙사 전투(기원전 401년)에 참여하여 대패했다는 언급이 나온다. 따라서 이 책이 본격적으로 구상된 시기는 기원전 401년 이후라고 보는 것이 바람직하다. 크세노폰은 아테네에서 추방된 뒤, 스파르타의 왕 아게실라오스의 요청에 따라 기원전 394년까지 용병으로 활동했다. 그런 뒤에는 아게실라오스 왕에게 하사받은 스킬로스 땅에 23년간 머물면서 집필에 전념했다. 스킬로스는 펠로폰네소스 반도 북서부 엘리스 지방에 있었고,

올림피아에서 3킬로미터 정도 떨어진 곳에 있었던 도시다. 스파르타의 영향력 아래 있던 지역이었고 비옥한 토지와 사냥터로 유명했다.

기원전 371년에 추방령이 해제되고, 스파르타의 국력이 약화되어 스킬로스에서 더는 머물 수 없게 되자 크세노폰은 일시적으로 코린토스로 가서 기원전 365년까지 그곳에 거주하며 집필 활동을 계속했는데 바로 이 시기에 『부의 본질』을 집필한 것으로 보인다. 하지만 혹자는 스킬로스 거주 기간에 『아나바시스』, 『헬레니카』, 『부의 본질』, 『소크라테스의 회상』을 집필했을 것으로 추측하기도 한다.

크세노폰이 『부의 본질』을 집필한 동기는 격변기 그리스에 스킬로스에 머물면서 농장을 경영한 경험이 한몫했을 것이다. 그는 농업과 가정 경영 전반을 두루 경험하면서 전통적 가치관을 재정립할 필요성을 느꼈다. 크세노폰은 원래부터 실생활에서 소크라테스의 가르침을 실천하는 것을 목표로 했다. 이러한 경향성은 그의 주저인 『키루스의 교육』에서도 여실히 드러나는데, 이 책에서도 이런 지향성이 분명히 드러난다. 실제로 소크라테스는 고대 그리스인들이 이상적인 인물을 지칭할 때 사용한 표현인 '가장 아름답고 가장 좋은 사람'을 찾다가 가정 경영으로 이름을 알린 이스코마코스를 알게 된다. 이윽고 그를 찾아가 대화를 나누고, 이스코마코스가 농업을 중심에 두고 어떻게 가정 경영을 해서 '가장 아름답고 가장 좋은 사람'이라는 이름을 얻었는지 탐구한다.

한편 이 책에서는 고대 그리스인이 생각했던 이상적인 부(富)의 정의를 엿볼 수 있다. 크세노폰이 생각하는 '부'란, 단순히 재산을 축적해서 남부럽지 않게 사는 것을 의미하지 않는다. '아름답고 좋은 사람'이 되기를 추구하는 과정에서 삶을 더욱 풍성하게 해줄 현실적인 대책으로서 진정한 '부'를 고민하고 추구했다. 이른바 바람직한 삶이라는 본질에 다다르기 위한 수단으로서 부를 추구했던 것이다.

크세노폰이 본문 전반에 걸쳐서 주장하는 '부유함'은 자신이 속한 공동체에 기여한다는 의미에서 사회적 책임을 포함하는 것이었다. 그리고 무엇보다 재산을 축적하는 과정에서 얻는 배움, 그 실천적 지혜가 중요했다.

2. 구성

『부의 본질』은 총 21장으로 구성되어 있고, 형식적으로는 소크라테스와 크리토불로스의 대화를 다룬 제1부(1-6장), 소크라테스와 이스코마코스의 대화를 다룬 제2부와 제3부(7-21장)로 구분되지만 내용상으로 세세하게 구분하자면 크리토불로스와 대화하면서 이론적 기초를 정립하는 제1부(1-6장), 이스코마코스와 대화하면서 가정 내부 관리론을 다루는 제2부(7-10장), 이스코마코스와의 대화를 통해 농장 경영을 다루는 제3부(11-21장)로 이루어져 있다.

등장인물 중에서 크리토불로스는 소크라테스의 절친이자 충실한 제자로 그의 임종을 지켜보았던 아테네의 농업 사업가 크리톤의 젊은 아들이고, 이스코마코스는 아테네에서 농업으로 성공하여 많은 사람과 국가에 크게 기여하여 '가장 아름답고 가장 좋은 사람'이라 불린 인물이다.

(1) 제1부(1-6장)

『부의 본질』 제1부에 해당하는 소크라테스와 크리토불로스의 대화(1-6장)는 경영의 기본 개념과 원칙을 설정하는 중요한 부분이다.

1장은 가정 경영의 정의를 살펴본다. 소크라테스와 크리토불로스는 가정 경영을 주제로 문답을 주고받으면서, 진정한 재산이란 무엇인지를 알아본다. 우선 소크라테스는 경영을 가정('오이코스')을 잘 관리하는 지식이자 기술로 정의하는데 이때 단순히 가진 물건 전체를 재산이라고 부르지 않고 활용할 줄 알아야만 재산이라고 말한다. 흔히 재산으로 분류되는 땅과 말과 돈은 물론이고, 친구와 적조차 활용할 줄 알아야 재산이 된다는 것이다. 대화는 일부 명문가들이 처한 역설적인 상황으로 이어진다. 재산과 지식이 있으면서도 활용하지 못하는 것은 그들이 욕망이라는 여주인의 노예라서 그렇다는 것이다.

2장에서 크리토불로스는 소크라테스에게 가산을 증식하는 방법을 알려달라고 본격적으로 요청한다. 이에 소크라테스는 역

  소크라테스 부의 본질

설적인 주장을 펼친다. 재산이 없는 자신은 부유하지만 많은 재산을 가진 크리토불로스는 오히려 가난하다는 것이다. 소크라테스는 재산의 절대적 규모가 아니라 욕망 대비 충족도, 즉 상대적 만족감이 부의 척도임을 일깨운다. 소크라테스는 자신은 재산을 관리해본 경험이 없기에 직접 가산을 증식하는 법을 가르칠 수 없다고 변명하며, 대신 더 뛰어난 전문가들을 소개하겠다고 제안한다.

3장에서 소크라테스는 가정 경영의 실제 사례를 살펴본다. 재산의 많고 적음과 무관하게 가정 경영에서 성패가 갈리는 이유는 지식과 태도에서 차이가 나기 때문이라고 말한다. 소크라테스는 크리토불로스에게 가정 경영에 관하여 주인 의식을 가지라고 권한다. 특히 크리토불로스가 아내에게 가장 많은 책임을 맡기고도 제대로 교육하지 않았음을 지적한다. 소크라테스는 가정 경영의 훌륭한 동반자로서 아내는 남편과 균형을 이루어야 하며, 남편이 바깥에서 벌어오고 아내가 집 안에서 관리하는 협력 체계가 필요하다고 강조한다.

4장에서는 크리토불로스는 자신에게 적합한 기술이 무엇인지를 묻는다. 소크라테스는 다양한 기술 중에서도 지향해야 할 기술이 있다고 답한다. 수공업은 실내에서 하기에 신체를 연약하게 하고 여가 시간이 없기에 시민에게 부적합하다고 말한다. 대신 농업술과 군사술은 신체를 건강하게 하고 영혼을 고양시키기에 고귀하다고 칭송한다. 페르시아 왕의 사례를 들어 농업술

과 군사술을 모두 중시하는 증거로 제국의 체계적인 행정을 제
시한다.

5장에서는 농업의 가치를 집중 조명한다. 농업은 그 자체로
즐거울 뿐 아니라 가산을 증대하고 신체를 단련시키기에 자유민
에게 적합한 활동이라고 말한다. 친구와 국가를 모두 돌보는 기
술이라는 것이다. 여기서 소크라테스는 농업이야말로 다른 모든
기술의 어머니이자 유모라고 강조한다. 신이 전쟁 못지않게 농
사를 주관하며, 따라서 농업에 종사한다는 것은 신을 섬기는 일
에 다름 아니라는 점을 보여준다.

마지막으로 6장에서 소크라테스는 이제껏 살펴본 논의를
복습한 다음, 이스코마코스라는 모범적인 가정 경영자를 소개한
다. 이스코마코스는 아테나이에서 "아름답고 좋은 사람"('칼로스
카가토스')으로 널리 알려진 인물이다. 소크라테스는 수공예가의
탁월함은 작품을 보면 쉽게 알 수 있지만 도덕적 탁월함은 직접
보아야 알 수 있다고 설명한다. 따라서 소크라테스는 모든 사람
에게서 아름답고 선하다고 일컬어지는 이스코마코스를 찾아가
기로 결심한다.

이렇게 제1부는 이어질 이스코마코스와의 실전 대화에 앞
서, 경영의 철학적·윤리적 토대를 닦는 역할을 한다. 경제 활동
이란 단순한 돈벌이가 아니라 미덕('아레테')과 행복('에우다이모
니아')을 실현하는 윤리적 과정이어야 함을 강조하는 것이다.

   소크라테스 부의 본질

(2) 제2부(7-10장)

　제2부인 7-10장은 이스코마코스가 자신의 젊은 아내를 어떻게 교육하고 가정을 경영했는지에 대한 내용을 담고 있다. 이 부분은 고대 그리스의 가정 내 성별 역할과 결혼 관계에 대한 중요한 통찰을 제공한다.

　7장에서 소크라테스는 이스코마코스를 만나서 그의 아내 교육을 두고 대화한다. 이스코마코스는 15세도 되지 않은 어린 신부와 결혼했고, 그녀는 "세상 물정을 가능한 한 적게 보고, 적게 듣고, 적게 묻도록 교육" 받은 사람이라고 설명한다. 신부는 집안일에 대한 지식이 거의 없었기 때문에 이스코마코스는 그녀를 교육할 필요가 있었다고 말한다. 이스코마코스는 결혼의 주요 목적이 "가정을 이루고 자녀를 기르기" 위함이라고 설명한다. 부부는 함께 신들에게 기도하며 결혼 생활을 시작했다. 아내가 남편을 편안하게 대할 수 있게 되었을 때 이스코마코스는 가정 경영에 관한 진지한 대화를 시작한다.

　이어서 이스코마코스는 남편과 아내의 자연적 역할 분담에 대해 설명한다. 이스코마코스는 신들이 남자와 여자에게 각기 다른 특성을 부여했다고 주장한다. 남자는 추위, 더위, 여행, 전쟁 등 바깥일에 적합한 체력과 용기를, 여자는 실내 활동에 적합한 부드러운 신체와 아이를 돌보는 본능적 애정을 받았기 때문에, 서로의 부족한 점을 채워 완벽한 조화를 이루라는 뜻으로 보았다.

따라서 남편은 바깥에서 재산을 획득하는 역할을 하고, 아내는 집안에서 재산을 관리하고 보존하는 역할을 해야 한다. 이스코마코스는 아내의 역할을 벌집의 여왕벌에 비유하며 집안의 질서를 유지하고 모든 것을 감독하는 중요한 위치임을 강조한다. 아내의 임무는 막중하다. 노예 관리와 교육, 물품 보관과 분배, 직조 감독, 환자 간호, 육아 등 집안의 모든 대소사를 총괄해야 한다.

8장에서는 아내에게 가정 안에서 질서의 중요성을 설명한다. 아내가 요청한 물건을 찾지 못해 당황했던 경험을 계기로, 이스코마코스는 합창단과 군대 비유를 동원하여 질서의 실용성과 아름다움을 말한다. 특히 페니키아 상선의 완벽한 정리 체계를 생생한 사례로 제시한다. 이어서 9장에서는 가정 내 질서를 관리하는 구체적인 방법을 제시한다.

먼저, 이스코마코스는 아내에게 집이 단순한 장식이 아니라 실용적 목적으로 지어졌음을 설명한다. 겨울에는 따뜻하고 여름에는 시원하게끔 설계되었고, 임신한 아내와 갓난아이를 보호하기 위한 공간, 수확물을 보관하기 위한 창고 공간이 배치되었다고 말한다. 나아가 아내를 '가정 내 법의 수호자'로 추켜세우며, 살림을 돌보는 것이야말로 여왕의 권한을 누리는 즐거운 일이라고 격려한다.

마지막으로 10장에서 이스코마코스는 아내의 외모와 행동을 두고 조언한다. 이스코마코스는 아내가 화장품으로 자신의

 소크라테스 부의 본질

외모를 과도하게 치장하는 것을 두고 대화를 나눈다. 인위적인 화장은 속임수이며 오래가지 않는다고 말하고, 진정한 매력은 건강하고 활기찬 생활에서 온다고 설명한다. 이스코마코스는 그 예로 앉아서 일하는 노예와 활동적인 아내의 외모를 비교하는 한편, 외적 아름다움보다 내적 미덕의 중요성을 강조한다. 아내는 이러한 조언을 받아들이고 자신의 역할을 성실히 수행하기로 약속한다.

(3) 제3부(11-21장)

제3부인 11-21장은 이스코마코스가 소크라테스에게 농업 경영의 원칙과 실천 방법을 설명하는 부분으로, 고대 그리스의 농업 기술과 경영 철학에 관한 귀중한 정보를 제공한다.

11장에서는 이스코마코스의 하루 일과를 들여다본다. 그는 아침 일찍 일어나 업무를 보고, 농장까지 말을 타고 달리며 운동과 현장 시찰을 겸한다. 건강 관리, 전투 훈련, 재산 관리를 한 번에 해결하는 그만의 효율적인 방식이다.

12장에서 이스코마코스는 좋은 농장 관리인을 선발하고 교육하는 방법을 설명한다. 관리인의 필수 자질로는 충성심과 정직함, 절제력과 자기 통제력, 관리 능력과 지도력, 농업에 관한 기본 지식을 든다. 관리인 교육 방법으로는 공정하고 정의로운 대우의 중요성, 좋은 행동에 대한 보상과 나쁜 행동에 대한 처벌, 개인적인 모범을 통한 지도, 체계적인 농업 기술 교육을 든다. 관리인의 책임으로는 노예들에 대한 감독, 농기구와 가축 관리, 농작물 재배 일정 계획, 수확물의 보관과 판매를 든다. 또한 이스코마코스는 자신이 정기적으로 농장을 방문하여 관리인의 업무를 감독한다고 설명한다. 이 장에서는 사람을 효과적으로 부리고 업무를 위임하는 원칙을 설명한다. 그로써 훌륭한 관리인을 두는 것이 농장의 성공에 얼마나 중요한지를 보여준다.

13장에서 이스코마코스는 농장 노예들을 효과적으로 관리하고 동기를 부여하는 방법을 설명한다. 먼저 공정한 대우의 중요성을 강조하면서, 열심히 일하는 노예에게는 더 나은 음식, 의복, 휴식을 제공하는 반면, 게으른 노예는 처벌하고 특권을 제한해야 한다고 말한다. 모든 노예에게 발전의 기회를 제공하고, 동기를 부여하기 위한 전략으로 물질적 보상과 인정을 통한 긍정적 강화, 경쟁 의식 조성을 통한 생산성 향상, 노예들 사이의 계층 구조 확립, 충성심과 헌신에 대한 보상을 제시한다.

14장은 농장 관리인의 덕목으로 정의를 강조한다. 진정한 관리인은 단순히 사람을 부리는 기술자가 아니라 법에 바탕한 정의로움이 있어야 한다는 것이다.

15장에서 소크라테스는 이스코마코스에게 농업의 기술을 직접적으로 알려달라고 요구한다. 이스코마코스는 여타 기술과 달리 농업은 배우기가 어렵지 않으며 어쩌면 소크라테스가 이미 농업에 관한 많은 것을 알고 있을지도 모른다고 말한다.

16장에서 이스코마코스는 농업이 복잡하다는 이론가들의

  소크라테스 부의 본질

주장을 반박하면서 땅의 본성은 이웃한 땅의 작물만 관찰해도 쉽게 파악할 수 있다고 말한다. 나아가 휴경지를 관리하는 방법도 논한다. 여기서도 이스코마코스는 농업이 '누구나 쉽게 배울 수 있는 기술'임을 다시 강조하면서 두 사람이 나누는 문답의 목적이 '이미 아는 지식을 일깨우는 데 있음'을 강조한다.

17장에서는 파종과 관련된 실제 농사일을 설명한다. 파종하기 좋은 계절, 구체적인 파종법, 토양 조건에 따른 경작법을 두고 실무적인 대화를 나눈다. 두 사람은 수확량이 줄어들 위험에 대비하여 최대한 분산 파종할 것을 주문하는 한편, 씨뿌리기는 섬세한 손놀림이 필요하며 토양 상태에 따라 씨앗량을 조절해야 한다고 조언한다. 또한, 겨울철의 큰비에 대비하여 호미질을 해야 할 필요성도 언급한다.

18장에서는 곡식을 수확하고 타작하는 구체적인 방법을 알아보고, 19장에서는 그리스의 농업을 논할 때 빼놓을 수 없는 포도나무와 올리브 나무의 재배법을 설명한다. 이스코마코스는 농업 자체가 우리에게 자연의 섭리를 알려주는 교육자 역할을 한다고 말한다.

20장에서 소크라테스는 농업이 그렇게 쉽고 모두 무엇을 해야 하는지 아는데도 왜 성과는 사람마다 다른지 묻는다. 이스코마코스는 지식이 있고 없고가 아니라 근면히 돌보는가 아닌가 하는 문제로 성패가 갈린다고 답한다. 전략을 알아도 실행하지 않는 장군은 패배하듯, 농사도 마찬가지다. 땅은 속임수를 쓰지 않기에, 게으른 자와 부지런한 자를 냉정하게 가려낸다. 부는 결국 아는 것을 실천하는 자의 몫이다.

마지막으로 21장에서는 가정 경영을 비롯한 농업, 정치, 전쟁에서 모두 적용되는 '다스리는 능력'의 중요성을 강조한다. 이스코마코스는 농업은 누구나 배울 수 있지만, 사람을 다스리는 능력은 저마다 큰 차이를 보인다고 말한다. 탁월한 리더는 선원이나 병사들이 기꺼이 땀 흘리게 하고, 위험조차 감수하게 만든다. 진정한 위대함은 물리적 강요가 아니라, 정신적 감화로 자발적인 복종을 이끌어내는 데 있다. 마지막으로 이스코마코스는 이 '다스리는 능력'을 얻으려면 체계적인 교육이 필요하고 좋은 성품을 지녀야 하며 무엇보다 신이 허락한 탁월함을 갖춰야 한다고 결론짓는다.

IV. 텍스트

『소크라테스 부의 본질』을 번역할 때 사용한 대본은 E. C. Marchant., ed. *Xenophontis opera omnia*, vol. 2. 2nd ed. Oxford Classical Texts (Oxford: Clarendon Press, 1921)이다. 장절 구분은 1824년 딘도르프(Dindorf)의 비평 판본이 기초를 닦았고, 1868년 셴클(Schenkl) 판본이 확립한 21개 장 구분을 따랐다. 옥스퍼드 판본 역시 이 구분을 채택하여 오늘날까지 표준으로 통용되고

있으며, 후속 연구와 번역의 기준이 되고 있다. 로엡 클래식 라이브러리(Loeb Classical Library) 판본 또한 이 구분을 따른다.

영어 번역본으로는 E. C. Marchant, trans. *Xenophon: Memorabilia, Oeconomicus, Symposium, Apology*, Loeb Classical Library 168 (Cambridge, MA: Harvard University Press, 1923)을 참조했다.

그리스어 고유명사는 기본적으로 현행 외래어 표기법을 따르되, 관행적 표기와 실제 고대 그리스어 발음 사이에 차이가 있는 경우에는 원음에 보다 가까운 표기를 우선했다.

소크라테스 부의 본질

469년 　소크라테스가 태어남

431년 　펠로폰네소스 전쟁이 발발함

430년 　크세노폰이 태어남

427년 　플라톤이 태어남

404년 　펠로폰네소스 전쟁이 끝남

401년 　크세노폰이 소키루스의 원정에 용병으로 참여함

399년 　소크라테스가 죽음

398년 　크세노폰이 1만 그리스인 용병대를 이끌고 귀환한 후에

　　　　스파르타 장군 팀브론 휘하에서 용병으로 참전함

396년 　크세노폰이 스파르타 왕 아게실라오스의

소아시아 원정에 합류하여 그를 수행함

394년 크세노폰이 스파르타 왕 아게실라오스의 용병으로

코노네아 전투에 참전하여 아테네 연합군과 싸움. 이로 인해 아테네

에서 추방되었으나, 왕에게 스킬루스 영지를 하사받아 정착함. 이후

23년간 그곳에 머물며 집필 활동에 전념함

371년 레욱트라 전투에서 스파르타가 테베에 패하고,

스킬로스가 아테네 연합군 수중에 넘어가자

코린토스로 피신함

362년 만티네이아 전투에서 스파르타가 패하여 패권이 완전히 무너짐

354년 코린토스에서 생을 마감함(향년 76세)

현대지성 클래식 73

소크라테스 부의 본질

1판 1쇄 발행 2026년 1월 16일

지은이 크세노폰
옮긴이 박문재
발행인 박명곤　**CEO** 박지성　**CFO** 김영은
기획편집1팀 채대광, 백환희, 이상지, 김진호
기획편집2팀 박일귀, 이은빈, 강민형, 박고은
기획편집3팀 이승미, 김윤아, 이지은
디자인팀 구경표, 유채민, 윤신혜, 권지혜
마케팅팀 임우열, 김은지, 전상미, 이호, 최고은

펴낸곳 (주)현대지성
출판등록 제406-2014-000124호
전화 070-7791-2136　**팩스** 0303-3444-2136
주소 서울시 강서구 마곡중앙6로 40, 장흥빌딩 10층
홈페이지 www.hdjisung.com　**이메일** support@hdjisung.com
제작처 영신사

ⓒ 현대지성 2026

"Curious and Creative people make Inspiring Contents"
현대지성은 여러분의 의견 하나하나를 소중히 받고 있습니다.
원고 투고, 오탈자 제보, 제휴 제안은 support@hdjisung.com으로 보내 주세요.

이 책을 만든 사람들
편집 김진호, 채대광　**디자인** 구경표

현대지성 클래식 살펴보기